HILFE
AUS
EIGENER
KRAFT

KLAUS ONNASCH
URSULA GAST

Trauern mit Leib und Seele

Orientierung
bei schmerzlichen Verlusten

Klett-Cotta

Zeichnungen: Ev Pagel

Klett-Cotta
www.klett-cotta.de
© 2011 by J. G. Cotta'sche Buchhandlung
Nachfolger GmbH, gegründet 1659, Stuttgart
Alle Rechte vorbehalten
Printed in Germany
Titelbild: © photocase_Jenzig71
Gesamtgestaltung: Weiß-Freiburg GmbH – Graphik & Buchgestaltung
Gedruckt und gebunden von CPI – Clausen & Bosse, Leck
ISBN 978-3-608-86053-5

Siebte Auflage, 2024

Bibliografische Information der Deutschen Nationalbibliothek
Die Deutsche Nationalbibliothek verzeichnet diese Publikation in
der Deutschen Nationalbibliografie; detaillierte bibliografische
Daten sind im Internet über http://dnb.d-nb.de abrufbar

Schnelleinstieg

- **Was im Prozess der Trauer geschieht** ► SEITE 14
- **Gehirn und Gefühl** ► SEITE 25
- **Stress, Schmerz und die Kraft der Symbole** ► SEITE 45
- ***Spiel-Räume* der Trauer** ► SEITE 74
- **Neue Erkenntnisse zu Trauerprozessen – aktualisiert und erweitert** ► SEITE 92
- **Trauer bei Kindern, Jugendlichen und älteren Erwachsenen** ► SEITE 97
- **Einen neuen Rhythmus finden** ► SEITE 103
- **Abschiednehmen – wie Rituale weiterführen** ► SEITE 111
- **Die Bedeutung von Religion und Spiritualität** ► SEITE 119
- **Sich begleiten lassen** ► SEITE 148
- **Hilfe bei *erschwerter Trauer*** ► SEITE 159
- **Was tut mir gut in meiner Trauer?** ► SEITE 170
- **Trauer-Kultur in unserer Gesellschaft** ► SEITE 176
- **Internet-Adressen und Telefonnummern für Trauernde** ► SEITE 184

Inhalt

VORWORT 10

1. EINFÜHRUNG 14
   1.1.   Der unsagbare Schmerz 14
   1.2.   Trauer als heilende Kraft 15
        • Der Schutz in der Trauer 15
        • Die Bedeutung der Schmerzen 16
        • Orientierung in der Trauer 17
   1.3.   Unterschiedliche Verluste – Unterschiedliche Trauer . . . 18
   1.4.   Neue Wege in der Trauer 20
   1.5.   Leitfrage: Was tut mir gut in meiner Trauer? 23

2. BASISWISSEN 25
   2.1.   Leib und Seele 25
   2.2.   Landschaften und Wege 26
   2.3.   Die drei Ebenen im Gehirn 28
        • Die vegetative Ebene 28
        • Die Ebene der Emotionen 28
        • Die Ebene des Denkens, Planens und Handelns . . . 32
   2.4.   Die beiden Seiten des Gehirns:
        Rechts und links 36
   2.5.   Vernetzungen im Gehirn und im gesamten Körper 39
   2.6.   Anspannung und Entspannung 41
   2.7.   Die Bedeutung von Spiegelungen 43

3. REAKTIONEN AUF DEN VERLUST 45
   3.1.   Ab-Schnitt vertrauter Spiegelungen 45
   3.2.   Schutzreaktionen 47
   3.3.   Stressreaktionen 49
   3.4.   Panik als Reaktion des Bindungssystems 52

3.5.	Veränderungen in der Landschaft des Gehirns	53
3.6.	Veränderungen im gesamten Körper	56
3.7.	Bilder und Symbole	59
3.8.	Umgang mit Schuld und Schuldgefühlen	62
3.9.	Mitteilen in der Trauer	66

4. PROZESSE IN DER TRAUER ... 71

- 4.1. Modelle für Prozesse ... 71
  - Das Phasen-Modell ... 71
  - Das Aufgaben-Modell ... 72
  - Das Duale-Prozess-Modell ... 73
  - Das Spielraum-Modell ... 74
- 4.2. Wechselspiel von Vermeidung und Auseinandersetzung ... 75
- 4.3. Anspannung und Entspannung ... 79
- 4.4. Verwirrung und Orientierung ... 83
- 4.5. Begleitung in dem Spielraum ... 85
- 4.6. Beziehungen zu dem verstorbenen Menschen ... 88
- 4.7. Neue Erkenntnisse zu Trauerprozessen ... 92

5. LEBENSSTUFEN IN DER TRAUER ... 97

- 5.1. Trauer bei Kindern ... 97
- 5.2. Trauer bei Jugendlichen ... 99
- 5.3. Trauer im hohen Alter ... 100

6. ZEITEN IN DER TRAUER ... 103

- 6.1. Tag und Nacht ... 103
- 6.2. Werktage und Wochenende ... 106
- 6.3. Der Jahreskreis ... 107

7. RITUALE IN DER TRAUER ... 111

- 7.1. Rituale des Abschieds ... 112
- 7.2. Rituale des Erinnerns ... 114
- 7.3. Der eigene Geburtstag in der Trauerzeit ... 116

8. SPIRITUELLE QUELLEN IN DER TRAUER ... 119
   8.1. Religiöse Erfahrungen und Vorstellungen ... 119
   8.2. Trauer in den Weltreligionen ... 124
      • Judentum ... 124
      • Christentum ... 128
      • Islam ... 134
      • Buddhismus ... 138
   8.3. Interreligiöse Begegnungen ... 143
   8.4. Interkulturelles Lernen: Trauer in Afrika ... 145

9. BEGLEITUNG IN DER TRAUER ... 148
   9.1. Prozesse in der Familie ... 148
   9.2. Begleitung durch Freunde und Freundinnen ... 150
   9.3. Begleitung durch Kollegen und Nachbarn ... 152
   9.4. Professionelle Einzelbegleitungen ... 153
   9.5. Begleitung in Trauergruppen ... 154

10. THERAPIE BEI ERSCHWERTER TRAUER ... 159
   10.1. Erschwerte Trauer ... 159
   10.2. Trauer und Trauma ... 160
   10.3. Trauer bei Traumatisierten ... 163
   10.4. Depressionen ... 165
   10.5. Psychopharmaka – Möglichkeiten und Grenzen ... 168

11. HEILENDER UMGANG MIT TRAUER ... 170

12. TRAUER IN DER GESELLSCHAFT ... 176
   12.1. Kultur der Trauer ... 176
   12.2. Solidarität durch Trauer ... 180

INTERNET-ADRESSEN UND TELEFONNUMMERN
FÜR TRAUERNDE ... 184

LITERATUR ... 194

Vorwort

Mit diesem Buch wenden wir uns an alle, die einen nahen Menschen verloren haben und die unter diesem schweren Verlust leiden. Das Buch will ermutigen, einen eigenen Weg durch die Trauer zu finden. Weiterhin möchten wir diejenigen ansprechen, die Trauernden begegnen: Angehörige, Freundinnen und Freunde, Nachbarn. Schließlich wollen wir auch denen Informationen und Anregungen geben, die in ihrem Beruf in der ärztlichen, psychologischen oder seelsorgerlichen Praxis mit Trauernden zu tun haben. Aus der Perspektive der Trauernden wird dargestellt, wie Trauer erlebt wird: Was wird in dieser Situation von ihnen selbst als einfühlsam und bestärkend empfunden? Das Besondere dieses Buches liegt darin, dass es auf die Zusammenhänge von Leib und Seele in der Trauer ausführlich eingeht. Vielen Trauernden schmerzen der Rücken, der Bauch, das Herz und besonders die Seele. Erst in den letzten Jahren hat die Hirnforschung zeigen können, wie Leib und Seele in äußerster Not reagieren, wie wir uns selbst schützen und uns dann doch wieder mit den schweren Verletzungen auseinandersetzen. Was durch den Verlust in uns abgeschnitten und zerrissen ist, kann im Prozess der Trauer langsam heil werden. Die neurobiologischen Prozesse, die dabei ablaufen können, möchten wir verständlich und praxisnah darstellen, immer auf die Situation von Trauernden ausgerichtet. Wir beziehen uns dabei auf unser erstes gemeinsames Buch »Trauma und Trauer«, in dem wir wissenschaftliche Erkenntnisse neurobiologischer Forschung eingehender beschrieben haben (Gast et al. 2009).

Inzwischen hat der Psychotherapeut und Theologe Ralph Kirscht, anknüpfend an unsere beiden Bücher, Zusammenhänge von Trauma-Forschung, Neurobiologie, Auslegung biblischer Texte und therapeutischer Praxis umfassend dargestellt (Kirscht 2014). Den Abschnitt zu neuen Erkenntnissen in Trauerforschung und Neurobiologie haben wir in dieser Auflage aktualisiert und erweitert (S. 92ff.). Von diesen Erkenntnissen in der Trauerforschung und Neurobiologie berichten wir in einem besonderen Abschnitt, den wir jetzt in dieses Buch eingefügt haben (S. 92 ff). Wir hoffen, dass in Zukunft die beiden Felder Trauerforschung und Neurobiologie stärker miteinander verbunden werden. Diese Verbindung kann Trauernde darin unterstützen, sich in ihrer schwierigen Situation zu orientieren und sich selbst besser zu verstehen. Das zeigt auch das positiveEcho dieses Buches bei vielen Trauernden. Mehrere teilen mit, dass sie sich in dem Modell des Spielraums mit ihren eigenen Gefühlen und Erlebnissen gut wiederfinden können.

Bei uns beiden sind es persönliche Erfahrungen, die uns dazu gebracht haben, so intensiv der Trauer nachzugehen, Trauernde und Traumatisierte zu begleiten und schließlich dieses Buch zu schreiben.

▶▶ *Ich, Klaus Onnasch, will von dem Ereignis berichten, das mein Leben zuerst zerrissen und dann von Grund auf verwandelt hat. Vor zwanzig Jahren bekam ich die Nachricht, dass mein Sohn im Alter von 28 Jahren plötzlich gestorben war. Wie konnte ich weiterleben, wenn mein Sohn vor mir aus dem Leben schied? Dann erhielt ich fast zwei Jahre lang eine sehr einfühlsame Trauerbegleitung: Hier konnte ich mich aussprechen mit meinem Chaos an Gefühlen. Ganz langsam konnte ich wieder Perspektiven meines Lebens entdecken und schließlich einen neuen Lebensabschnitt gestalten. Zwei Jahre nach seinem Tod wurde ich gefragt, ob ich selbst Trauernde in Gruppen begleiten wollte. Nach längerem Zögern sagte ich zu. Unterstützung erhielt ich darin von Ursula Gast, die ich bereits vom Studium her kannte. Später – Chefärztin eines Trauma-Krankenhauses – machte sie mich mit Erkenntnissen aus der Hirnforschung vertraut. Das führte dazu, dass ich Prozesse in mir, die ich anfangs als »verrückt« empfand, viel besser verstehen konnte. Auch sprachen wir gemeinsam darüber, welche Bedeutung religiöse Symbole und Rituale in Trauerprozessen angesichts solcher Forschungen haben können. Als ich von meiner Frau im Jahr 2006 Abschied nehmen musste, trugen solche Erkenntnisse, verbunden mit spirituellen Erfahrungen, dazu bei, dass ich einen guten Weg durch meine Trauer finden konnte. Es wurde mir möglich, manche Einsichten anderen Trauernden zu vermitteln. Durch diese Anregungen konnten auch sie sich in ihrer Situation besser orientieren.*

▶▶ *Mich, Ursula Gast, haben Trauma- und Verlusterlebnisse der Eltern und deren ungelebte Trauer geprägt, wie es in der Nachkriegszeit wohl eher die*

Norm in Deutschland war. Die Schwierigkeiten, Gefühle als bedeutsam anzuerkennen und mitzuteilen, umgaben die Eltern mit einer Aura der Unerreichbarkeit. Ihre Emotionen konnten sie noch am ehesten in religiösen Bildern und Ritualen erleben und gestalten – diese haben daher für mich bis heute eine wichtige Bedeutung. Im Dialog mit Klaus Onnasch hat sich mir ein Weg erschlossen, Bilder, Symbole und Rituale vor Erstarrung, Einengung und Vereinnahmung zu schützen und sie im Alltag und in therapeutischen Prozessen immer wieder neu zu entdecken und zu beleben. Bei einem Besuch in Kiel in seinen Trauergruppen zeigte sich zudem, dass die Vermittlung von neurobiologischen Erkenntnissen – eingebettet in eine einfühlsame Begleitung – von den Trauernden als sehr entlastend angenommen wurde.

Die Idee zum Buch entspringt aus dem gemeinsamen Austausch dieser Erfahrungen und dem Wunsch, die daraus gewonnene Zuversicht auch anderen mitzuteilen. Klaus Onnasch fungierte dabei als Initiator, gleichwohl wurde dieses Buch nur durch unseren fortwährenden Dialog und durch gemeinsame Reflexion möglich. Wir beide haben alle Texte dieses Buches miteinander durchgesprochen.

Manche wichtigen Phänomene in der Trauer werden in dem Buch an mehreren Stellen beschrieben. Dazu gehört das Wechselspiel von Schutz und Auseinandersetzung mit dem Schmerz (vgl. 1.2., 3.2., 4.2., 11.). Dabei geht es um Weiterentwicklungen, die der Figur einer Spirale entsprechen. Solche Spirale kennzeichnet oft den Verlauf eines Trauerprozesses. Wir gelangen nach einiger Zeit zu bestimmten Erfahrungen, die wir bereits kennen; aber inzwischen haben sie sich vertieft und erweitert.

In diesem Buch beschränken wir uns auf die Darstellung der Trauer nach dem Tod eines nahen Menschen. Viele Empfindungen und Erkenntnisse, die hier beschrieben werden, lassen sich jedoch auch auf andere schwere Verluste und Trennungen beziehen.

Wir danken allen, die dieses Buch ermöglicht haben. Dazu gehören Mitglieder der Trauergruppen in der Fa. Flenker, Kiel, die ihre Trauer zum Ausdruck brachten; manche ihrer Aussagen, Symbole, Rituale und Träume sind (anonymisiert) in diesem Buch aufgenommen. Einige

Mitglieder haben auf Grund ihrer eigenen Erfahrungen das Entstehen des Buches kritisch und bestärkend begleitet. Beim Abschnitt zu dem Kapitel »Trauer in den Weltreligionen« haben Mitglieder des Interreligiösen Arbeitskreises Kiel wichtige Anregungen gegeben, so Necla Yilmaz zum Islam, Alf Bartholdy zum Buddhismus, Walter Pannbacker zum Judentum, zu dieser Religion außerdem Reinhild Draeger-Muenke aus Philadelphia, USA. Herrn Dr. Robert Göder, Stellvertr. Direktor des Zentrums für Integrative Psychiatrie der Universität Kiel, danken wir für die hilfreiche Durchsicht der Kapitel zur Neurobiologie. Besonders danken wir Ev Pagel, die uns bei der Arbeit an diesem Buch mit Rat und Tat zur Seite gestanden und Korrektur gelesen hat. Sie hat die Bilder für dieses Buch gezeichnet; sie können dazu anregen, den unterschiedlichen Gefühlen Ausdruck zu geben. Der Lektorin des Verlags Klett-Cotta, Dr. Christine Treml, sagen wir Dank für alle Ermutigung und Unterstützung auch bei der Aktualisierung des Buches in dieser Auflage.

Das Buch „Trauern mit Leib und Seele" hat eine Weiterführung gefunden: 2021 erschien gleichsam als Fortsetzung das Buch „Trauer und Freude". Wenn die heilende Kraft der Trauer wahrgenommen und quälender Stress abgebaut wird, dann kann langsam auch Freude in das Leben einkehren. Werden Gefühle mitgeteilt und einfühlsam aufgenommen, dann können Trauertränen zu Freudentränen werden. In einigen afrikanischen Kulturen gelingt es, in Musik, Rhythmus und Bewegung sowohl der Trauer wie auch der Freude Ausdruck zu geben. In der Trauerbegleitung der letzten Jahre wird auch in Deutschland zunehmend deutlich, dass diese beiden Gefühle keine Gegensätze sein müssen, sondern sich ergänzen können. Gerade in Krisenzeiten können Heiterkeit und Freude, die aus der Tiefe kommen, Mut und neue Kraft zu einem Leben voller Farben und Bewegung geben.

Kiel und Havetoftloit im April 2015/2024
Dr. Klaus Onnasch
Privatdozentin Dr. Ursula Gast

1. Einführung

1.1. Der unsagbare Schmerz

Ein sehr naher Mensch ist gestorben. Es tut so weh. Viele Trauernde haben nach dem Tod des vertrauten Menschen das Gefühl, »verrückt« zu werden. Gefühle reißen sie hin und her: Wut, Sehnsucht, Verzweiflung, Ohnmacht. Sie verstehen sich selbst nicht mehr. Es quält sie auch, dass sie kaum Worte finden, um sich anderen in ihrer Not mitzuteilen.

Oft spüren sie, wie von innen her der Körper Signale gibt: Vieles tut so furchtbar weh: der Kopf, der Rücken, der Bauch, das Herz ... Es ist kaum auszuhalten. Manchmal erleben sie Träume, die sie schwer begreifen, und Albträume, die sie aufschrecken. Bilder vom verstorbenen Menschen kehren wieder, manche Erinnerungen trösten sie, andere überfallen sie plötzlich und lassen sie nicht zur Ruhe kommen. Dann wieder steigen Vorstellungen auf, die weiterführen: ein Ufer am Meer, wo sich der Blick bis zum Horizont öffnet, oder eine Kerze im Zimmer, die leuchtet und Wärme gibt.

Wie können wir verstehen, was in uns vor sich geht, in unserem Leib und in unserer Seele? Die neurobiologische Forschung, die sich mit den Zusammenhängen von Körper und Psyche beschäftigt, hat in den letzten Jahren wichtige Erkenntnisse gewonnen, die in dieser Frage weiterführen. Im Blick auf den unsagbaren Schmerz und die anderen verwirrenden Gefühle gibt es in dieser Forschungsrichtung Hinweise auf folgende Zusammenhänge:

In der ersten Zeit der Trauer ist es normal, dass das Sprachzentrum nicht voll funktionsfähig ist und Trauernde Schwierigkeiten haben, Worte zu finden.

Die Schmerzen sind zunächst unfassbar. Am Anfang werden sie noch durch körpereigene Stoffe betäubt, um so das Überleben zu ermöglichen. Sie brechen später immer wieder auf und machen so deutlich, dass es notwendig ist, sich mit dem unbegreiflichen Verlust auseinanderzusetzen. Die Schmerzen zeigen sich in Leib und Seele. Werden sie »weggesteckt«, treten sie häufig verstärkt im Körper auf.

Trauernde finden oft einen besonderen Zugang zu Bildern und Symbolen – in Tagträumen, manchmal auch in Nachtträumen, in spontanen Einfällen wie in persönlichen oder auch gemeinsamen Ritualen. Manche dieser Symbole bieten die Möglichkeit, dem Stress, der durch den Verlust entsteht, entgegenzuwirken. Diejenige Seite unseres Gehirns, die für solche Bilder und Symbole besonders zuständig ist, behält auch in der Trauer ihre Funktion und kann verstärkt werden.

Über Bilder kann das zum Ausdruck kommen, was sonst unsagbar ist. Durch Symbole können Trauernde wieder ihre Sprache finden. Indem sie einfühlsamen Menschen ihr Erleben mitteilen, wird das Sprachzentrum wieder gestärkt.

Durch Symbolbildung und Mitteilung kann das schreckliche Geschehen, das zum Schutz vor Überflutung in der Trauer zunächst abgespalten wurde, wieder als Teil des eigenen bewussten Lebens verstanden werden.

Damit der vorher unsagbare Schmerz mitteilbar wird, müssen neue Verbindungen im Gehirn aufgebaut und stabilisiert werden. Dafür braucht es notwendigerweise Zeit.

In dem Buch wird dargestellt, wie sich dieser Prozess in der Trauer vollziehen kann.

1.2. Trauer als heilende Kraft

Der Schutz in der Trauer

Der plötzliche Abschied von einem Menschen, der unser eigenes Leben bisher stark bestimmt und geprägt hat, würde meist zum Zusammenbruch führen, wenn uns dieser Verlust mit allen Konsequenzen sofort voll bewusst würde. Durch unseren Leib werden wir davor geschützt. In solcher Situation werden körpereigene Betäubungsmittel

(Endorphine, Opiate) ausgeschüttet. Manche Menschen fühlen sich dann »*wie in Watte gepackt*«. »*Es ist wie ein Film, bei dem ich von außen zuschaue. Oder wie ein böser Traum, aus dem ich endlich aufwache – und alles ist wie früher.*« Viele erwarten, dass der vertraute Mensch doch wieder wie früher zur Tür hereinkommen muss. Mit unserem Verstand wissen wir dann zwar, dass er verstorben ist. In unseren Gefühlen jedoch ist er bei uns und hat uns keineswegs verlassen. Oft sind wir auch durch viele Tätigkeiten davon abgelenkt, uns mit der Wirklichkeit des Todes auseinanderzusetzen. Das alles können wir als einen notwendigen Schutz verstehen, der trotz der Katastrophe unser Leben bewahrt.

Mit der Zeit aber lässt die Betäubung nach. Es können sich seelische und körperliche Schmerzen einstellen. Sie lassen uns fühlen, dass die unerträgliche Erfahrung des Verlustes noch zu bearbeiten ist. In der Zwischenzeit sind auch die Kräfte gewachsen, die solche Verarbeitung ermöglichen. So gehört beides zusammen zur Trauer; der notwendige Schutz wie auch die allmähliche Auseinandersetzung.

Die Bedeutung der Schmerzen

Schmerzen machen uns darauf aufmerksam, dass etwas mit uns nicht stimmt, in unserem Leib, in unserer Seele oder in beidem. »Was fehlt Ihnen?«, werden wir gefragt. »*Er fehlt mir so sehr. Wie kann ich ohne ihn leben? Es tut so weh.*« Manche wollen sich dann »zusammenreißen«, aber damit tun wir unserer ohnehin so verletzten Seele Gewalt an. Andere versuchen, die Schmerzen »wegzustecken«. Aber wohin sollen wir sie stecken? Sie sind dann in unserem Körper versteckt und melden sich dort plötzlich wieder. Oft sind es die Schwachstellen, die uns vorher zuweilen Beschwerden machten: Wir zerbrechen uns den Kopf, nehmen uns alles zu Herzen, vieles liegt uns unverdaut im Magen. Oft zeigen uns auch die Beine, dass es uns wirklich nicht »gut geht«.

PRAXISANREGUNG

Wir können versuchen, mit den Körperteilen, die uns weh tun, ins innere Gespräch zu kommen. Wir können hinhören, was sie uns zu sagen haben. So klagte eine Witwe in einer Trauergruppe über starke Halsschmerzen, ihre Kehle war ganz eingeengt und kratzte: »*Es ist, als säße ein Frosch darin.*« Ich schlug ihr vor, sich vorzustellen, dass – wie im Märchen – dieser Frosch aus ihrer Kehle auf den Tisch springt. Diese Verbildlichung gelang ihr. Sie konnte mit ihm über ihr tiefes Leid sprechen, das in ihr steckte und das sonst kaum jemand wahrnahm. Nach diesem Gespräch waren die Halsschmerzen vergangen, ihre Kehle wurde frei. Allerdings spürte sie das Fehlen ihres Mannes in ihrer Seele umso stärker. Doch dieses Leid konnte sie mitteilen. Sie konnte offen aussprechen, was sie innen bewegte. So konnte sie neuen Atem schöpfen. Wir konnten ihr den Schmerz der Trauer nicht nehmen. Doch insgesamt fühlte sich die Witwe nachher sehr erleichtert.

So lassen uns Schmerzen immer wieder den entsetzlichen Verlust spüren. Sie zeigen uns dadurch, wie notwendig eine weitere Trauerarbeit ist. Indem wir mitteilen, was wir erleiden, können wir Wege finden, mit diesem schmerzhaften Verlust zu leben.

Orientierung in der Trauer

Für Trauernde ist die vertraute Welt, die durch den Verstorbenen weitgehend bestimmt und geprägt war, in dieser Weise nicht mehr vorhanden. Ohne ihn scheint alles fremd zu sein. Was vorher selbstverständlich erschien in Beziehungen und Regelungen, das besteht alles nicht mehr. Hinzu kommt, dass nach einem schweren Verlust das System im Gehirn, das uns die Orientierung in Raum und Zeit ermöglicht, meist nicht mehr so funktioniert wie vorher. In solcher Situation verirren sich die Menschen oft. Ein Witwer kommt sehr verspätet zur Trauergruppe: »*Ich hatte mich total verfahren und war falsch eingebogen; beinah wäre ich zum Geisterfahrer geworden.*«

Kennzeichnend ist auch folgende Situation: Eine Trauernde hat den Schlüssel auf den Wohnzimmertisch gelegt, dann die Tür zugezogen und so sich selbst ausgesperrt. Oft entspricht das auch der seelischen Situation: »*Alles ist mir fremd geworden, ich bekomme auch zu mir selbst keinen richtigen Zugang.*«

Wie kann ich es lernen, mich trotzdem zurechtzufinden? Besonders wichtig ist es, dass ich mir bewusst mache, dass diese Desorientierung ein ganz natürlicher Prozess ist. Tatsächlich ist vieles ganz anders geworden, und ich brauche Zeit, bis durch die Trauer hindurch wieder eine neue vertraute Welt entstehen kann. Ich nehme es mir nicht übel, wenn ich etwas verlege und mich verirre. Ich bin großzügig zu mir. Ich lerne bei all den Verwirrungen, etwas langsamer und achtsamer zu sein. Ich suche nach Regelungen, die mir guttun.

Im Prozess der Trauer können Strukturen entstehen, die neuen Halt und Stabilität geben.

1.3. Unterschiedliche Verluste – Unterschiedliche Trauer

Jede Trauer ist anders. Deswegen ist es notwendig, jeweils auf die besondere Situation der einzelnen Trauernden zu achten.

Der Verlust der Tochter oder des Sohnes bedeutet für die Eltern eine außerordentliche Belastung. Alle Ordnung scheint außer Kraft gesetzt, wenn Kinder vor ihren Eltern sterben. Die Zukunft scheint mit diesem Tod oft für die Eltern zerstört zu sein. Für manche ist auch die Hoffnung zunichte geworden, in dem eigenen Kind weiterleben zu können. Es braucht meist sehr lange Zeit, bis sie für sich eine neue Lebensperspektive finden.

Der Verlust des Partners oder der Partnerin wird auch deshalb als schwerer Einschnitt erlebt, weil die Beziehung zu ihm oder zu ihr bisher das eigene tägliche Leben geprägt hat. Das gilt auch für solche Situationen, in denen viele Konflikte die Partnerschaft bestimmt haben. Es ist eine schwere Herausforderung und Aufgabe, mit der Zeit neue Strukturen zu finden, in denen das Leben ohne diesen Partner gestaltet werden kann.

Eine zusätzliche Belastung stellt es dar, wenn der Tod ganz plötzlich eingetreten ist. Es gab dann keine Zeit, sich auf den Abschied innerlich einzustellen. Wenn kein gemeinsames Gespräch über die Möglichkeit, durch den Tod getrennt zu werden, stattgefunden hatte, wird das häufig schmerzlich vermisst.

Selbsttötung kann den Abschied und den gesamten Trauerprozess erheblich erschweren. Oft quälen belastende Fragen: Was hat dazu geführt, dass er sich das Leben genommen hat? Hätten wir spüren können, was in ihm vor sich ging? Hätten wir die Tat verhindern können? Bezeichnungen wie »Selbstmord« oder »Freitod« halte ich für unangemessen. Dieser Schritt aus dem Leben geschieht meist in verzweifelter Not, wo kein anderer Ausweg mehr möglich erscheint. Manchmal kann ein Sog entstehen, dem Toten nachfolgen zu wollen. Umso wichtiger ist es dann, zwischen dem Weg des anderen und dem eigenen Weg zu unterscheiden und einfühlsame Begleitung zu suchen.

Der Verlauf der Trauer hängt auch davon ab, welche Vorerfahrungen Trauernde in ihrer eigenen Lebensgeschichte mit schwereren Verletzungen, Krisen und Tod hatten. Oft haben sie schon längere Zeit vorher einen vertrauten Menschen verloren; manchmal ist es zu zwei, drei oder mehr schweren Verlusten gekommen, ohne dass ein wirklicher Abschied möglich gewesen wäre. So bietet die Trauer um den jetzt gestorbenen Menschen die Chance, auch die früheren Verluste zu betrauern. Das braucht Zeit, weil das nicht alles gleichzeitig geschehen kann und in den Gefühlen doch zusammenhängt.

Der Trauerprozess wird entscheidend durch die Wertvorstellungen bestimmt, die die jeweiligen Trauernden haben. So galt in der Kriegsgeneration besonders für Männer die Regel, tapfer zu sein, sich zusammenzunehmen und die Schmerzen nicht zu zeigen. In der Trauergruppe sagte ein Witwer: »*Ich bin wie in einem Panzer eingeschlossen. Erst hier in der Trauergruppe lerne ich es langsam, mich mit meinen Gefühlen zu öffnen.*« Die Norm, stark sein zu müssen und Schwächen zu verbergen, wurde oft unbewusst an Kinder und Enkel weitergegeben. Vielleicht liegt darin ein Grund dafür, dass in der Regel Männer nur eine Minderheit in Trauergruppen bilden (ca. 10–20 % aller Teilnehmenden). Wer sich auch in seinen Schmerzen geborgen fühlt und darauf vertraut, dass Verstorbene auch jenseits der Todesgrenze aufgehoben sind, kann sich eher in der Trauer öffnen und neue Perspektiven gewinnen.

Kinder finden besondere Wege durch ihre Trauer. Meist hat das Spielen bei der Bearbeitung des Verlustes eine besondere Bedeutung. Es ist sehr wichtig, dass die Äußerungen, Fragen und Gefühle der Kinder achtsam wahrgenommen werden. Häufig geschieht das viel zu wenig. Wir gehen auf die Situation von trauernden Kindern in einem besonderen Abschnitt ein (5.1.).

Die Unterschiedlichkeiten in all diesen Trauererfahrungen machen deutlich, dass es keine festgelegten Normen und immer gleich ablaufende Phasen in der Trauer geben kann. Sehr hinderlich ist es, wenn wir uns selbst und andere unter zeitlichen Druck setzen: »*Man müsste eigentlich schon viel weiter sein.*« Die Trauer braucht so lange Raum und Zeit, wie Leib und Seele sie benötigen. Das ist bei jedem und jeder verschieden. Die Gefühle geben uns darüber Auskunft, was uns gerade jetzt guttut. Trauernde können die Äußerungen in diesem Buch auf ihre jeweilige Situation beziehen. Sie können die Aussagen in diesem persönlichen Zusammenhang sehen, verstehen und auch relativieren.

1.4. Neue Wege in der Trauer

So verschieden Trauersituationen auch sein mögen, haben sie doch eine Gemeinsamkeit: Es geht darum, mit der Zeit neue Wege zu finden. In diesem Buch gehen wir neuen Wegen in verschiedener Hinsicht nach:

Durch den Tod des vertrauten Menschen erscheint uns die Welt, in der wir uns bisher eingerichtet hatten, fremd. Die Wohnung ist ganz anders geworden, der Tagesablauf funktioniert nicht mehr wie früher, nachts finden wir nicht wie sonst den ruhigen Schlaf, die Arbeit fällt uns schwerer, wir können uns kaum konzentrieren, vieles erscheint uns farblos, öde, leer und sinnlos. Wir spüren: Wir müssen uns ganz neu orientieren. – Aber wie? Es braucht dann Zeit, bis wir jetzt allein einen Weg finden, die Wohnung neu zu gestalten, mit Schmerzen alte, nun nicht mehr gebrauchte Sachen auszuräumen und allmählich die Räume so zu gestalten, dass sie der neuen Situation entsprechen. Es braucht Zeit, die Menschen zu finden, die mit uns in unserer Trauer achtsam umgehen und sich in uns einfühlen können. Es braucht auch Zeit, bis wir wieder einen Zugang zu uns selbst finden können und mit unseren oft chaotischen Gefühlen einigermaßen zurechtkommen. Diese neuen Wege sind notwendig, damit wir langsam zu einem neuen Abschnitt unseres Lebens gelangen können.

Die neurobiologische Forschung der letzten Jahre hat neue Wege eröffnet, das zu verstehen, was in der Trauer in Leib und Seele vor sich geht. Wir sehen dann bestimmte Reaktionen nicht mehr als »verrückt« an, sondern begreifen sie etwa als notwendige Maßnahmen unseres Körpers, um in äußerster Bedrohung unser Leben vor dem Zusammenbruch zu schützen. Wir gehen großzügig mit uns um, wenn wir etwas vergessen und verlegen. Wir verlieren nicht den Mut, wenn wir nicht mehr wie bisher Worte finden, sondern gewinnen einen neuen Zugang zu der Sprache der Symbole, Bilder und Gefühle. Wir suchen Wege der Entspannung und Erholung, weil wir wissen, welchen Stress und welche ungeheure Belastung die Trauerarbeit bedeutet. Neurobiologische Erkenntnisse geben uns Hinweise, wie wir mit unserer Trauer besser zurechtkommen.

Noch ist in der Hirnforschung vieles im Fluss und längst nicht alles erkundet. So ist noch nicht entschlüsselt, wie die verschiedenen Felder und Kräfte im Gehirn sich zu gleicher Zeit aufeinander einspielen und zusammenwirken. Bei dem Gefühl der Trauer sind weit auseinander liegende Zentren und unterschiedliche, teils hemmende, teils fördernde Übertragungsstoffe beteiligt. Doch gibt es inzwischen Modelle, die auf dem neuesten Stand der Forschung Zusammenhänge verstehbar machen. Solche Modelle sind immer nur Annäherungen an die Wirklichkeit; sie lassen sich durch neue Erkenntnisse und Fragestellungen immer wieder überprüfen und verändern.

Dazu gehört das Modell der »Synergetik« (Zusammenwirken): In biologischen Systemen können einzelne Teile in Selbstorganisation räumliche, zeitliche und funktionale Strukturen bilden. Dabei entstehen Ordnungen, die das Verhalten vieler Teile bestimmen können. Besonders untersucht wird dabei der Übergang von der einen in die andere Ordnung. So kann gezeigt werden, wie es aus einem Zustand von Verletzung und Erstarrung zum Fließen der Trauer kommen kann. Hinweise auf dieses Modell haben sich in der Trauerbegleitung bereits vielfach bewährt und Trauernden ermöglicht, die Prozesse, die in ihnen ablaufen, besser zu verstehen. Abläufe im Gehirn, wie sie sich auch in der Trauer vollziehen, werden in neurobiologischer Forschung als plastische Neuanpassung beschrieben. Solche Selbstorganisation geschieht im koordinierten Zusammenspiel von Subregionen und Nervennetzen mittels Rezeptoren und Bahnen, die zuleiten, ableiten und rückkoppeln. »Garantiert wird die Koordination über die system-immanente plastische Fähigkeit zu aktivitätsgesteuerter Anpassung der Nervennetze an innere und äußere Bedingungen« (G. Teuchert-Noodt u. A. Schlotmann 2012, S. 5).

Eine wichtige Erkenntnis in der Hirnforschung besteht darin, dass durch ständige bewusste wie unbewusste Gewohnheiten und Übungen Bahnungen zwischen den einzelnen Nervenzellen entstehen. Bei ständig sich wiederholendem Verhalten und intensivem Training werden diese Bahnungen erheblich verstärkt. Will ich zum Beispiel lernen, mich nachhaltig zu entspannen, durch Meditation, durch autogenes Training oder andere Methoden, so braucht es zumindest etwa 28 Tage bei dreimaliger Durchführung jeden Tag, bis sich eine ausreichende Bahnung bildet. Über die Kontaktstellen der Nervenzellen (Synapsen) kommt es zu einer Verbindung mit anderen Bahnen, es bildet sich eine dichte Vernetzung in dem entsprechenden Teil des Gehirns. In der Neurobiologie wird häufig das Bild vom Wegesystem gebraucht: Bei geringer Übung entsteht zunächst ein kleiner Pfad, dann bei häufiger Nutzung ein Weg, schließlich eine

Straße. Bei ständigem intensivem Gebrauch wird schließlich daraus eine Art »Autobahn«:

Zur Kommunikation und zur Lösung von Problemen wird immer wieder dieser sehr schnelle, vertraute Weg genommen, dadurch wird er noch weiter ausgebaut. Was aber geschieht, wenn nun durch den Tod des Partners dieses gewohnte Wegesystem abgeschnitten und zerrissen wird? Im Gehirn laufen zunächst noch die gewohnten Verbindungen weiter. Ein Witwer erzählte: »*Morgens beim Aufwachen reiche ich immer meinen Arm zu der Seite des Bettes, wo meine Frau gelegen hatte. Dann spüre ich mit Erschrecken, dass diese Seite leer ist.*« Wir merken voller Schmerzen, dass der alte gewohnte Weg nicht mehr weiterführt. Manche geraten dann auf eingefahrene »Autobahnen« und quälen sich dabei immer wieder. Das kann sich im schlechten Gewissen äußern, das ihnen sagt: »*Hättest du dich anders verhalten, wäre sie vielleicht so nicht gestorben. Dann wäre sie jetzt noch hier.*« Nach mehrfachem Kreisen in diesem Grübeln wachen wir dann in die Wirklichkeit hinein auf und merken, dass wir in einer Sackgasse gelandet sind. Wie können wir die Fahrt auf der bisherigen »Autobahn« unterbrechen? Wie können wir den Weg in eine neue Ordnung hinein finden, die unserer jetzigen Lebenswirklichkeit entspricht?

1.5. Leitfrage: Was tut mir gut in meiner Trauer?

Wer durch den Verlust so viel Schweres zu durchleben hat, steht vor einer besonderen Aufgabe: Es geht darum, gerade in der Krise für sich selbst achtsam zu sorgen und sich selbst Gutes zu tun. Wir geben hier einige Anregungen und nennen das, was uns selbst und auch anderen in Trauer und Trauerbegleitung wohlgetan hat:

PRAXISANREGUNG

- Ich gestalte mein Zuhause so, dass ich mich darin wohlfühlen kann. Wenn ich abends nach Hause komme, habe ich schon vorher Licht angemacht, so dass ich mein Zimmer erleuchtet vorfinde. Ich habe mir auch schon vorher Blumen hingestellt.
- Ich überfordere mich nicht. Ich rechne mir aus, wie viel meiner Zeit und Kraft die Trauer in Anspruch nimmt. Wenn ich all meine normale Arbeit und Tätigkeiten hinzurechne, wird mir deutlich, warum ich oft so erschöpft bin. Ich gönne mir Ruhe und Erholung. Durch regelmäßige Entspannung gewinne ich mehr Gelassenheit.
- Wenn ich meine Trauer einfühlsamen Menschen gegenüber äußere, spüre ich, dass manchmal auch etwas Freude in mein Leben einkehren kann. Trauer und Freude schließen einander nicht aus. Wenn das eine Gefühl freien Lauf hat, kann das andere auch fließen.
- Ich spüre meine Grenzen. Ich sage rechtzeitig »Stopp«, wenn ich merke, dass ich von der eigenen Gefühlen oder von den Gefühlen anderer total überschwemmt werde. Ich atme tief aus und stelle meine Füße fest auf den Boden. So finde ich wieder Grund.
- Oft fühle ich mich hin- und hergerissen. Ich versuche dennoch eine Balance zu halten. Laufen und bewegen tut mir gut.
- Ich achte auf die ermutigenden Zeichen, die mich trotz allem erfreuen können. Ich entdecke Bilder und Symbole, die mich weiterführen. Manchmal schreibe ich auf, was ich erlebe; auch probiere ich vielfältige Ausdrucksweisen wie z. B. das Malen.

2. Basiswissen

IN DIESEM KAPITEL GEBEN WIR BIOLOGISCHE INFORMATIONEN, DIE DAZU BEITRAGEN SOLLEN, DASS TRAUERNDE UND BEGLEITENDE SICH BESSER ORIENTIEREN KÖNNEN. ALLE DARSTELLUNGEN SIND AUF DIE TRAUERPROZESSE BEZOGEN.

2.1. Leib und Seele

In der Trauer empfinden wir unseren Leib und unsere Seele in besonderer Weise. Meist mehr als in der Zeit vor dem Verlust spüren wir in einzelnen Teilen unseres Körpers Schmerzen: vor allem im Rücken, im Herzen, im Bauch ... Oft nehmen wir auch wahr: »*Die Seele tut weh.*« Was aber bedeutet »Seele«? Wo befindet sie sich? Hat sie in heutiger neurobiologischer Forschung überhaupt einen Platz?

Zu Beginn der Hirnforschung erschien der Begriff »Seele« tatsächlich antiquiert und überholt. Sosehr man auch im Mikrobereich alle Einzelheiten untersuchte, man fand keine materielle Entsprechung zu dem Phänomen »Seele«. So meinte man zunächst, dieses Wort in den Naturwissenschaften ganz streichen zu können.

In der heutigen Neurobiologie dagegen entsteht ein neues Verständnis von »Seele«. Mit diesem Wort wird das Zusammenwirken von Erkenntnissen, Emotionen und Affekten bezeichnet. In unserer Seele werden wir uns selbst bewusst; auch können wir unter bestimmten Bedingungen und in Grenzen unser Handeln und sogar unsere Gefühle steuern. G. Roth hält den Begriff des »Seelischen« in der Hirnforschung durchaus für nützlich, »denn er umfasst alle Zustände, die mein Ich, mein Selbst betreffen, meine Gedanken, Vorstellungen, Wünsche, Gefühle und Affekte, aber auch meine Triebe und Antriebe«. (Roth 2005, S. 36)

Hinzu kommt, dass in der Umgangssprache »Seele« oft in besonderer Weise mit spirituellen und religiösen Erfahrungen verbunden wird. Häufig finden Trauernde in Krisensituationen gerade zu solchen Erfahrungen neue Zugänge. So lesen wir in manchen Todesanzeigen das Wort des Dichters Joseph von Eichendorff: »Und meine Seele spannte weit ihre Flügel aus, flog durch die stillen Lande, als flöge sie nach Haus.« Solch ein Wort weist auf Perspektiven hin, die über die Grenze des Todes hinausgehen. Zugleich gibt es auch Kraft und Weite, den Schmerz des Abschieds durchzustehen. Gibt es auch zu solchen Erfahrungen Entsprechungen im Gehirn? Hier führten bildgebende Verfahren weiter: Durch Aufnahmen von Vorgängen des Gehirns während des Meditierens und Betens ließ sich feststellen, dass es in den Arealen, die für das Spüren der Grenzen im Körper zuständig sind, zu Veränderungen kommt (Gyrus angularis). Die Beschränkungen von Raum und Zeit werden nicht mehr wahrgenommen: »Ewigkeit« kann empfunden werden. Dass diese Ewigkeit »wirklich« besteht, kann natürlich nicht bewiesen werden. Doch gibt es Hinweise, dass wir in Dimensionen von Wirklichkeit leben können, die sich naturwissenschaftlicher Analyse und Objektivierung entziehen.

Diese seelischen Vorgänge in Gefühlen, Gedanken und in religiösen Erfahrungen sind zugleich leibliche Prozesse: Leib und Seele gehören zusammen.

Wie nun geschieht dieses Zusammenwirken, wenn uns ein Verlust trifft und uns im Innersten erschüttert, wir hin- und hergerissen werden und von Trauer erfüllt sind?

2.2. Landschaften und Wege

In der Trauer beschreiben wir unsere seelische Situation oft in Bildern von Landschaften. Wir sprechen von Tiefen und Abgründen, von Leere und Sumpf, von neuen Wegen, die wir in diesem unwegsamen Gelände suchen, manchmal auch von einem Fluss, wenn unsere

Trauer wieder ins Fließen kommt. In neurobiologischer Forschung ist im Blick auf die Strukturen des Gehirns oft von Landkarten (maps) und Landschaften die Rede. Bestehen möglicherweise Entsprechungen zwischen den inneren Bildern der Trauernden und bestimmten Strukturen des Gehirns?

In neuroanatomischer Forschung wird für die Gehirnrinde dargestellt, dass in ihr eine bestimmte Ordnung besteht, die durch die Wechselwirkung von Strukturprinzipien des Gehirns und durch die Lebenserfahrung des Individuums zustande kommt (vgl. Spitzer 2009, S. 99 ff.). Die Darstellungen (Repräsentationen) bestimmter Funktionen (Sehen, Hören, Sprechen…) sind im Gehirn »landkartenförmig« strukturiert. Erstaunlich wandelbar sind diese Landschaften noch bis ins hohe Alter hinein. Es kommt darauf an, welche Bahnen viel benutzt werden und welche weniger. Immer wieder können neue Pfade, schmale Wege, breite Straßen entstehen.

> **INFO**
>
> M. Spitzer gibt Zeiträume an, in denen sich Wandlungen in der »Landschaft des Gehirns« vollziehen. Während Neuronen innerhalb von Tagen wachsen, ändern sich Gehirnkarten langsam innerhalb von Wochen; besonders ausgeprägte Ausweitungen oder Verschiebungen von Repräsentationen (ca. ein Zentimeter oder mehr in den Vernetzungen) können Jahre benötigen (Spitzer 2009, S. 95). Nach dem Tod eines nahen Menschen bedarf es einer Veränderung von bisher funktionierenden Vernetzungen, die auf diesen Menschen eingestellt waren. Umstellungen in bestimmten Bereichen, z. B. regelmäßige Übungen zur Entspannung, erfordern Wochen. Die Gesamtumstellung, bis es gelingt, ohne den nahen Menschen selbstständig zu leben, kann hingegen Jahre brauchen. Das enspricht ganz Erfahrungen in der Trauerbegleitung.

Im Gehirn finden wir drei Ebenen vor, die durch vielfältige Bahnen und Netzwerke miteinander verbunden sind. Durch die Nachricht vom Tod eines nahen Menschen verändern sich die Landschaften erheblich. Einige Areale werden übermäßig aktiviert, andere geschwächt. In der Trauer können mit der Zeit neue Bahnungen entstehen, die Stabilität fördern und neue Möglichkeiten eröffnen. Das geschieht in allen drei Ebenen des Gehirns.

2.3. Die drei Ebenen im Gehirn

Wir beschreiben die drei Ebenen des Gehirns, wie sie sich in der menschlichen Entwicklung herausgebildet haben:

1. Die vegetative Ebene

Elementar und unabdingbar lebensnotwendig ist der Teil des Gehirns, in dem vor allem die vegetativen Prozesse geregelt werden. Dazu gehören der Hirnstamm und das Kleinhirn. Diesen Teil des Gehirns haben wir großenteils mit Tieren gemeinsam. Hier werden die vitalen Lebensfunktionen koordiniert und gesteuert, z. B. der Rhythmus von Schlafen und Wachen, die Nahrungsaufnahme, die Atmung, der Kreislauf und das Gleichgewichtsgefühl. In der Trauer wird die Balance dieser Prozesse gestört. Wir kommen außer Atem, haben keinen richtigen Appetit mehr, können kaum noch ruhig schlafen. Durch regelmäßige Entspannung in unserem Körper können wir darauf hinwirken, dass sich langsam mehr Gleichgewicht herstellt und sich die Regulationen wieder stabilisieren. Eine besondere Rolle in diesem vegetativen Teil spielt das »zentrale Höhlengrau«. Bei großer Bedrohung folgt hier die Schaltung auf Flucht, Aggression oder Totstellreflex. Diese Reaktionen dienen dem Schutz des Lebens. Schwindet die akute Gefahr, kann die hohe Alarmierung wieder heruntergeregelt werden und Beruhigung eintreten. Allerdings kann die Alarmierung auch anhalten und zu einem fortwährenden Stress führen, auch wenn von außen die Bedrohung kaum noch vorhanden ist.

2. Die Ebene der Emotionen (Limbisches System)

Über der vegetativen Ebene befindet sich die Ebene, die in ihrer Gestalt einem Saum (Limbus) gleicht und deshalb als »Limbisches

System« bezeichnet wird. In ihm werden vor allem die Emotionen gebildet. Hierher gehört das System zur Orientierung und zur Verarbeitung von Gedächtnisinhalten (Hippocampus). Es trägt dazu bei, dass wir uns in Raum und Zeit zurechtfinden; es ruft in uns auch Erinnerungen wach, die wir bewusst einordnen können. In großer Gefahr und Trauer funktioniert dieses Zentrum nicht mehr so wie sonst. Es wird weniger durchblutet; bei sehr langer ständig schwerer Belastung kann es sich sogar verkleinern. Wir vergessen dann leicht Dinge, die wir sonst gut im Gedächtnis haben. Wir wissen manchmal nicht einmal mehr richtig, wo wir sind in Raum und Zeit.

In großer Bedrohung wird das Alarmsystem zugeschaltet. Es hat die Form eines Mandelkerns (Amygdala) und wird deshalb auch so bezeichnet. Je ein solcher Kern befindet sich auf der rechten und linken Halbseite des Gehirns. In höchster Gefahr werden eingehende Signale der Außenwelt, ohne dass wir erst darüber nachdenken können, direkt an den Mandelkern geleitet. Dort wird – uns unbewusst – geprüft, ob eine Notfallreaktion in Gang gesetzt werden muss. Ist das der Fall, so bewirkt der Mandelkern, dass in der unteren vegetativen Ebene ein Stressbotenstoff, nämlich das aktivierende Noradrenalin, ausgeschüttet wird und dort im »zentralen Höhlengrau« die Reaktion von Aggression, Flucht oder Erstarrung ausgelöst wird.

▶▶ *Diese biologischen Prozesse kommen in subjektiven Wahrnehmungen zum Ausdruck, wie an einem Beispiel verdeutlicht werden soll. Eine Witwe erzählte: »Als ich die Todesnachricht so plötzlich erhielt, wusste ich gar nicht, wie mir geschah. Es war wie ein dumpfer Schlag. Ich konnte es einfach nicht begreifen.« In diesem Moment gibt der Mandelkern die Signale höchster Erregung an die Gedächtnisspeicher sowie an die Denk- und Planungsebene weiter. Dort wird geprüft, in welchem Zusammenhang dieses Ereignis mit bisherigen Erfahrungen steht. »Dann dachte ich: Das kann doch nicht wahr sein. Die haben sich sicher geirrt, da liegt eine Verwechslung vor.« Stellt sich heraus, dass die Nachricht doch wahr sein könnte, erhalten andere Hirnregionen ständig alarmierende Signale: »Es gelingt mir nicht mehr, klar zu denken. Da ist etwas, was in mir hochsteigt und mich* überschwemmt.« Im Mandelkern ist das eingraviert, was ich bei dem schrecklichen Ereignis gehört, gesehen, gerochen habe. *Für solche emotionalen Inhalte hat der Mandelkern eine Gedächtnisfunktion, doch diese Inhalte sind für das einordnende Bewusstsein nicht zugänglich. Nehme ich also entsprechende Geräusche, Bilder und Gerüche wahr, kann durch den Mandelkern das ganze furchtbare Geschehen von damals so aktiviert werden, als ereignet sich das alles gerade jetzt.* »Jedes Mal, wenn ich die Sirene eines Krankenwagens höre, halte ich es einfach nicht mehr aus.« *Je länger die Überaktivierung des Mandelkerns dauert, umso mehr können Schäden in anderen Teilen des Gehirns entstehen.*

Wie aber lässt sich diese Überaktivierung wieder herunterfahren? Gegenspieler zum Alarmsystem ist das Verwaltungszentrum für bewusstes Gedächtnis. Dieses Zentrum kann die Nachricht vom plötzlichen Tod nicht fassen, das Ereignis sprengt zunächst den Rahmen aller gewohnten Einordnungen. Deshalb lässt sich das Geschehen noch nicht begreifen und auch meist noch nicht in Worte fassen und erzählen. Das Zentrum ist bei andauernder Not auch in seiner Orientierungsfunktion eingeschränkt. Welche Möglichkeiten gibt es, doch wieder zu einer Einordnung zu kommen? Die Witwe, die den Schlüssel in ihrer Wohnung vergessen hatte und dann durch den Schlüsseldienst wieder in die Wohnung kam, erzählte in der Gruppe: »*Als ich dann doch wieder in meine Wohnung kam, habe ich mich erst einmal hingesetzt und durchgeatmet. Ich muss es langsam lernen, alleine zu leben – ohne meinen Mann.*« Schon wenn die Trauernde über ihre Erfahrungen spricht, ihre Vergesslichkeit als normale Reaktion auf ein unnormales Ereignis begreift und so wieder etwas zur Ruhe kommen kann, geschieht bereits Orientierung. Ganz langsam können neue Bahnungen und neue Wege entstehen. Welche weiteren Möglichkeiten es gibt, den Alarm-Stress abzubauen und innezuhalten, werden wir im Fortgang zeigen.

In der Ebene der Emotionen befindet sich neben dem Alarmsystem und dem Orientierungszentrum auch das Belohnungszentrum. Wenn ich Bestätigung bekomme oder mich selbst akzeptieren und

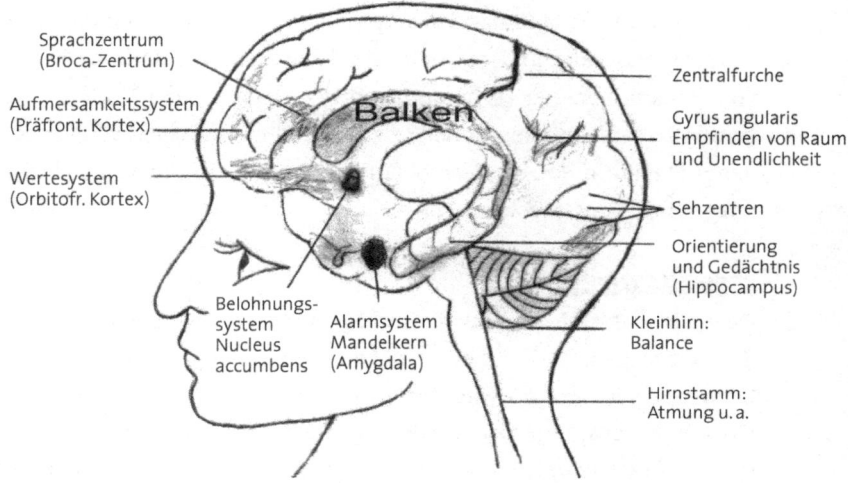

Darstellung des Gehirns (vereinfacht):
- **3. Ebene** Großhirnrinde (Kortex): Denken, Planen, Handeln, u. a.
  Sprachzentrum: Broca-Zentrum
  Aufmerksamkeitssystem: Vorderer Stirnlappen (Präfrontaler Kortex)
  Wertesystem: Stirnlappenbereich über den Augen (Orbitofrontaler Kortex)
- **2. Ebene** Limbisches System: Emotionen, u. a.
  Belohnungssystem: Nucleus accumbens
  Alarmsystem: Mandelkern (Amygdala)
  System zur Orientierung und zur Verarbeitung von Gedächtnisinhalten: Hippocampus
- **1. Ebene** Vegetative Grundfunktionen, u. a.
  Kleinhirn: Balance und Feinmotorik
  Hirnstamm: Kontrolle zentraler Lebensfunktionen wie Atmung

Sprachzentrum, Zentralfurche und Gyrus angularis sind in der Außensicht abgebildet.

---

anerkennen kann, werden von diesem Zentrum her Botenstoffe ausgeschüttet, die mir Befriedigung geben und mich weiter motivieren. Dazu gehört Dopamin, das die Motivation und den Antrieb fördert. Meist ist es mit Serotonin verbunden, das zum Wohlbefinden beitragen kann, hinzu kommen körpereigene Opiate. Wenn ich dagegen über Alkohol oder andere Suchtmittel regelmäßig eine hohe Dosis von Dopamin erzeuge, scheint das zwar zunächst in der Not Erleichterung zu verschaffen, mit der Zeit aber stellt der Körper weniger eigenes Dopamin her, sondern benötigt immer mehr Suchtmittel von außen durch entsprechenden Konsum.

PRAXISANREGUNG

Da mir bewusst ist, dass sich die Suchtgefahr nach schweren Abschieden erhöht, gehe ich mit dieser Problematik besonders sorgsam um. Ich wende mich dem zu, was mich von innen her interessieren, motivieren und bestätigen kann. Eine Witwe erzählte: »*Vor der Ehe mit meinem Mann habe ich so schön Klavier gespielt, dann habe ich das ganz aufgegeben, weil er das nicht mehr hören wollte. Jetzt habe ich wieder angefangen – und ich bin ganz überrascht, wie gut das klingt.*« Günstig ist es, wenn wir in einem Verhalten, in dem wir uns selbst annehmen, von Angehörigen, Freundinnen und Freunden unterstützt und ermutigt werden. Dadurch können in uns selbst und auch in unserer Umgebung neue Wege entstehen. Das macht nochmals deutlich, wie wichtig es ist, dass wir uns gerade in der Zeit der Trauer Gutes tun und besonders darauf achten, was uns auch mitten in der Krise Freude machen kann.

3. Die Ebene des Denkens, Planens und Handelns (Kortex)

Diese Ebene ist in dieser Größe und Ausprägung in der menschlichen Entwicklung zuletzt ausgebaut worden, sie wird auch Kortex (Rinde), Neokortex oder Isokortex genannt. Sie ist sehr eng mit den beiden unteren Ebenen und mit dem gesamten Körper verbunden: Die Ebene erhält über eingehende Nervenstränge Informationen von allen anderen Ebenen und anderen Teilen des Körpers. So sind in der leibsensiblen Hirnrinde (Gyrus postcentralis, hinter der Zentralfurche) alle Glieder unseres Leibes sensorisch abgebildet und widergespiegelt. Es versteht sich von selbst, dass der Kortex auf die anderen Ebenen angewiesen ist. So käme es zu keinen Aktionen, wenn es nur beim reinen Denken bliebe. Erst wenn Gefühle und

Antriebe aus den unteren Ebenen hinzutreten, werden Handlungen möglich. Andererseits führen vom Kortex auch starke Bahnen nach außen zu den anderen Regionen. So wird es möglich, dass der Kortex andere Areale steuert, bestimmte Reaktionen verstärkt oder auch abschwächt.

Kennzeichnend für diese Ebene ist es, dass es bei ständiger Rückkopplung in vielen Arealen normalerweise nicht gleich zur Handlung kommt, sondern dass dem Denken viel Spielraum gegeben wird. In ständigen Schleifen wird vor der Aktion durchgespielt, wie die Tat sich anfühlen könnte, wenn sie ausgeführt wird. Welche Wirkung kann sie erzielen? In der Planung werden Alternativen überlegt, alte und neue Gedanken kommen hinzu. So kann das Denken als »Probehandeln« verstanden werden. Sollte ein Witwer nach dem Tod seiner Frau die bisherige Wohnung aufgeben? Sollte er eine neue Beziehung beginnen? Was wird daraus werden? Emotionen können dann sehr stark solche Überlegungen beeinflussen, oft sogar überschwemmen: »*Ich komme zu keinem klaren Gedanken mehr.*« Manchmal sind es dann die ständig kreisenden, von trüben Gefühlen bestimmten Grübel-Gedanken, mit denen wir uns immer wieder beschäftigen, die uns aber keine Klarheit bringen.

Denken und Planen sind in solchen Trauersituationen stark eingeschränkt. Wie das Orientierungssystem in der mittleren Ebene, so ist auch der Kortex in der Trauer oft nicht voll funktionsfähig. Auch das Sprechzentrum ist bei schwerer seelischer Verletzung häufig blockiert. Mit bildgebenden Verfahren konnte nachgewiesen werden, dass es dann weniger durchblutet ist.

Doch gibt es im Kortex vor allem ein Areal, das sehr wohl die Chance hat, die Emotionen zu steuern, übermäßige und schädliche Alarmierung einzuschränken, Entspannung zu ermöglichen und so auch wieder klareres Denken und Planen zu fördern. Es handelt sich um das System für Werte und Symbole (Orbitofrontaler Kortex). Es liegt unmittelbar über unseren Augenhöhlen und befindet sich somit ganz in der Nähe zur Ebene der Emotionen (Limbisches System). Hier sind die Werte und Traditionen gespeichert, die wir im Laufe unseres Lebens gelernt und aufgenommen haben. Diese Kräfte, die in uns liegen, können sehr wirksam werden, sie können fördern und hindern, können heilen und krank machen.

PRAXISANREGUNG
Habe ich erfahren und gelernt, dass ich auch in der tiefsten Not angenommen und geliebt bin, so kann mir das in der Trauer Ruhe und Mut geben. Kann ich darauf vertrauen, dass der Verstorbene auch jenseits der Todesgrenze aufgehoben ist, kann ich dadurch mehr Gelassenheit finden. Gilt jedoch für mich aus meiner Erziehung heraus der Anspruch, immer perfekt und stark sein zu müssen, die Trauer wegstecken und mich zusammenreißen zu müssen, dann kann mich das noch mehr unter Druck setzen und meinen Trauerprozess behindern. Natürlich sind die Werte selten so klar und eindeutig wie hier beschrieben. Meist bestimmen uns unterschiedliche Traditionen, wir schwanken dann und wägen ab, oft folgen wir dem, was uns selbst entspricht, was uns guttut und uns weiterführt.

Warum sind diese Werte und Kräfte so wirksam? Sie gehen über reines Denken und Planen hinaus. Sie sind tief mit unserer Seele verbunden und haben Beziehung zur Ebene der Gefühle. Sie können uns in der Tiefe trösten und aufrütteln, befreien und auch belasten. Sie sind keine bloßen Gedanken, sondern stellen sich in Symbolen dar, die wie das Licht, die Blume, der Schmetterling oder der Stern über sich hinausweisen. Sie werden in Ritualen gelebt, sei es in Festen, Andachten und Meditationen, sei es in Appellen und Drohungen. Sie sind uns vermittelt durch Menschen, die oft von früh an für uns eine große Bedeutung hatten und die uns prägten. So sind diese Werte und Kräfte tief in Leib und Seele verwurzelt und können uns gerade in der Not Halt geben. Manche von ihnen haben spirituelle Dimensionen. Es bestehen Verbindungen zu dem Areal, in dem Entsprechungen zu Erfahrungen von Weite und Ewigkeit gefunden wurden (Gyrus angularis). So können die Worte »geborgen« und »aufgehoben« viel mehr bedeuten als bloße Gedanken. In ihnen können sich tragfähige spirituelle Erfahrungen aussprechen.

Das Wertesystem ist durch viele Bahnungen mit der Gefühlsebene verbunden. In einer Sekunde gibt es Hunderte von Schleifen der Informationsvermittlung, in denen Werte abgeglichen werden und einwirken können, z. B. auf die Alarmierung des Mandelkerns.

> **PRAXISANREGUNG**
> Was vermitteln die Werte? Fordern sie mich auf, stark und perfekt zu sein, kann der Druck erhöht werden. Machen sie mir Mut, mich in meiner Trauer so zu geben, wie ich wirklich bin, kann der Alarm langsam aufhören und mehr Ruhe einkehren. Je mehr das praktiziert, wiederholt und eingeübt wird, können Bahnungen stabilisiert werden und neue Wege entstehen. Ein sehr wichtiger Wert ist es, dass ich dort unterbreche und deutlich »stopp« sage, wo es mir nicht guttut. Wenn ich ständig von einem schlechten Gewissen gequält werde, obwohl ich mir in Wirklichkeit nichts vorzuwerfen habe, dann kann ich dazu »stopp« sagen. Wenn ich ständig darüber nachdenke, was jetzt wäre, wenn meine Frau heute noch leben würde, dann kann ich solches Grübeln mit einem »Stopp« abbrechen. So kann ich über das Wertesystem (3. Ebene) Einfluss nehmen auf die schädliche Überaktivität des Alarmsystems (2. Ebene). So verbreitere ich nicht noch mehr alte, ausgefahrene Straßen, sondern gewinne Kraft, neue Pfade zu gehen.

In der 3. Ebene befindet sich noch ein weiteres Areal, das auf die übermäßige Alarmierung und Erregung einwirken kann. Es handelt sich um das Aufmerksamkeitszentrum, das hinter der Stirn über dem Wertezentrum liegt. Durch bildgebende Verfahren wurde in diesem Bereich bei buddhistischen Mönchen in der Meditation wie auch bei christlichen Nonnen im Gebet eine erhöhte Aktivierung festgestellt (Schnabel 2008, S. 256 ff.). Durch die Konzentration in Meditationen und Gebeten kann es zur Beruhigung in der 2. Ebene des Gehirns und somit auch im ganzen Körper kommen.

Die drei Ebenen des Gehirns sind aufeinander bezogen, besonders wirksam sind dabei die Botenstoffe, die in allen Ebenen Prozesse beeinflussen. Sie werden über ein weit verästeltes Fasersystem in die unterschiedlichen Areale des Gehirns transportiert und dort ausgeschüttet. Von der motivierenden Kraft des Dopamins war schon die Rede; das Serotonin trägt zum Wohlgefühl bei, das Noradrenalin sorgt für erhöhte Aufmerksamkeit. Weiterhin gibt es Botenstoffe, die den jeweiligen Prozess hemmen (GABA u. a.) und fördern (Glutamat). Sie alle wirken mit, die Landschaft des Gehirns mit den unzähligen Vernetzungen zu formen und zu prägen. Zu berücksichtigen ist allerdings, dass das Gehirn besonders im Blick auf die 3. Ebene in den einzelnen Lebensstufen unterschiedlich gestaltet ist. In der Kindheit ist das Wertesystem noch nicht so stark ausgebildet; im hohen Alter kann es geschehen, dass die Regulierungen durch die 3. Ebene nicht mehr wie vorher möglich sind. Bisher verdrängte Bilder können auftauchen, vorher kontrollierte Emotionen können zum Ausdruck kommen (vgl. dazu 96 f.).

2.4. Die beiden Seiten des Gehirns: Rechts und links

Wir spüren an bestimmten Beobachtungen, wie sich die rechte Seite unseres Körpers von der linken Seite unterscheidet: Rechtshänder wollen dann zwar manches »mit links« machen, aber schon bei der Handschrift haben sie Schwierigkeiten, wenn sie plötzlich mal die linke Hand benutzen sollen. Den Unterschied beider Seiten im Gehirn nehmen wir meist nicht so bewusst wahr, und doch spielt er im Trauerprozess eine große Rolle. Im Gehirn sind wegen einer Überkreuzung der Nervenstränge die Seiten anders angeordnet: So gehört die linke Gehirnseite zur rechten Körperseite; die rechte Gehirnseite entspricht der linken Körperseite. Im Gehirn sind beide Seiten durch den Balken verbunden. Welche Hirnseite wirksam ist, bleibt unserem Bewusstsein meist entzogen. Wenn wir eine Landschaft betrachten, können wir die Einzelheiten in ihr erkennen und uns etwa die Bäume und Häuser genau ansehen. Dann ist (jeweils bei Rechtshändern) vermutlich die linke Hirnseite besonders aktiv.

Erfassen wir die Landschaft in ihrer Gesamtheit und freuen wir uns an ihrer Schönheit, so wird die rechte Seite beteiligt sein. Wenn es auch problematisch ist, die Unterschiede beider Seiten allzu schematisch darzustellen, so hat doch jede der beiden Seiten ihre besonderen Aufgaben. Während die rechte Seite eher vom ganzheitlichen Erfassen z. B. über Bilder gekennzeichnet ist, kommt es in der linken Seite eher zum analytischen, problemlösenden Denken, zum Erzeugen von neuen Bedeutungen und auch zur sprachlichen Kommunikation. So liegt das Sprachzentrum (Broca-Zentrum) links. Nun wirken normalerweise beide Hirnhälften, verbunden durch den Balken, eng zusammen.

Bei schweren Verlusten, die Leib und Seele erschüttern, können jedoch für eine Zeit die Bahnungen im Balken gestört sein, dann kann das Zusammenspiel der Seiten erheblich beeinträchtigt werden. Bei einer Untersuchung, in der Patienten mit dem Erleben ihrer seelischen Verletzung konfrontiert wurden, zeigte sich eine gesteigerte Aktivität in der rechten Seite, u. a. im rechten Mandelkern und in den rechten Sehzentren. Demgegenüber war die linke Seite mit dem motorischen Sprechzentrum weniger aktiviert. Andere Untersuchungen haben ebenfalls ergeben, dass das Sprechzentrum bei starken seelischen Belastungen wenig durchblutet war. So wird verständlich, dass Trauernde sich zunächst oft sprachlos fühlen: »*Mir hat es einfach die Sprache verschlagen. Ich finde keine Worte mehr.*«

Dagegen sind die Sehzentren weiter aktiviert. Viele Bilder, die mit dem Trauma verbunden sind, fallen als optische Gedächtnisspuren ein und schrecken oft auf. Daneben können Bilder auftauchen, die mit wohltuenden Gefühlen verbunden sind. Durch bildliche Vorstellungen z. B. im Tagtraum und in der Meditation kann ich mir Orte, Landschaften und Szenen vorstellen, die mir guttun. Solche imaginativen Vorstellungen in meiner Fantasie aktivieren dieselben Hirnzentren, die auch bei realer Wahrnehmung aktiv werden. Wenn Bilder erinnert, gemalt oder beschrieben werden, können sie langsam einander zugeordnet werden. Da und dort werden erste Zusammenhänge erahnt; nach und nach werden sie im eigenen Gefühl verstanden.

Ein Vater, der sein Kind verloren hatte, erzählte: »*Der Schmetterling setzte sich genau auf den Grabstein, das kann kein Zufall gewesen sein.*« Der Schmetterling wird hier zu einem Symbol, das auf einen Sinnzusammenhang hinweisen kann, vielleicht auf eine Hoffnung auf ein Leben jenseits des Todes. Die von starken Gefühlen bestimmte Erfahrung kann vertrauten Menschen mitgeteilt werden, die für solch eine Kommunikation bereit sind. Erfolgt eine positive Aufnahme und Erwiderung, können Nervenbahnen verstärkt werden, die das Finden von Sprache fördern. Somit können mit der Zeit Wege gebahnt werden, die über das Wahrnehmen von Bildern und über das Verstehen von Symbolen dazu führen können, dass wir unsere Sprache wiederfinden können. Das wirkt sich dann neurobiologisch so aus, dass durch Wiederholungen, positives Echo, Bestätigung und Ermutigung das Sprechzentrum wieder aktiviert und durchblutet wird, zugleich können so die Bahnungen im Balken wieder ganz funktionsfähig werden. Beide Hirnseiten können wieder voll zusammenwirken und sich gegenseitig ergänzen. Dass das über Bilder, Symbole, meditative Vorstellungen und sprachlichen Ausdruck möglich ist, hat eine große Bedeutung für die Trauernden und auch für alle, die sie in ihrer schweren Situation begleiten und bestärken wollen. Wie wichtig das wiederholte Bewegen von rechts nach links und von links nach rechts mit dem gesamtem Körper oder mit Teilen des Körpers wie Hände, Arme, Schultern, Beine und Augen ist, wird in der Gegenwart immer mehr erkannt. Früher galt es bei Waisenkindern, die in Heimen leben mussten, als ein Zeichen von »Hospitalisierung«, wenn sie mit dem Oberkörper ständig von links nach rechts und von rechts nach links schaukelten. Heute lässt sich das als eine Form der Selbstheilung verstehen, in der Situation von Trauer und Traumatisierung eine Balance zu finden und damit unbewusst die beiden Seiten des Gehirns und des gesamten Körpers wieder in Einklang zu bringen. Solche Bewegungen haben sich für Kinder, Jugendliche und Erwachsene als sehr heilsam erwiesen, um auch in schweren Situationen besser zurechtzukommen. Dabei kann es sich um Gehen, Laufen, Walken, Ballspielen oder Tanzen handeln, möglicherweise auch um Yoga oder gezieltes Fitnesstraining.

In der Therapie von Trauma-Patienten hat sich die Methode des EMDR (Eye Movement Desensitization and Reprocessing) als besonders wirksam erwiesen. Im Jahr 1987 bemerkte Francine Shapiro auf einem Spaziergang durch einen Park, dass bestimmte belastende Gedanken und Gefühle, die sie bedrängt hatten, plötzlich verschwanden. Ihr wurde bewusst, dass immer dann, wenn die belastenden Gedanken kamen, ihre Augen spontan anfingen, sich sehr schnell hin und her zu bewegen. Danach verschwanden die Gedanken, und der damit verbundene Gefühlszustand verbesserte sich. Sie begann eine Methode für sich selbst und für Patienten zu entwickeln, die Augenbewegungen absichtlich zu vollführen und sich gleichzeitig auf belastende Gedanken und Erinnerungen zu konzentrieren. Diese Methode wurde dann weiterentwickelt und therapeutisch anerkannt. Sie kann sich auch positiv auf Menschen auswirken, die schwere Verlusterfahrungen erlitten haben.

Wir können entdecken, dass nicht nur diese bewussten Augenbewegungen, sondern auch andere Bewegungen von rechts nach links und von links nach rechts in der Trauer guttun können. Informationen aus der Neurobiologie haben uns deutlich gemacht, was in unserem Gehirn vor sich gehen kann und was zur Wirksamkeit solcher Bewegungen beitragen kann.

2.5. Vernetzungen im Gehirn und im gesamten Körper

Durch Blutkreislauf und Nervenbahnen steht das Gehirn mit dem gesamten übrigen Körper in Verbindung. In der 3. Ebene des Gehirns gibt es ein Areal, in dem alle Glieder unseres Leibes in einer bestimmten Reihenfolge repräsentiert sind (Somatosensorischer Kortex). Dadurch können wir diese Körperteile wahrnehmen und fühlen. Gehirn und Gesamtkörper beeinflussen sich wechselseitig:

Das Gehirn steuert Organe und Abläufe in unserem gesamten Körper, andererseits können wir durch bestimmte Vorstellungen und Bewegungen im Körper auf Prozesse im Gehirn einwirken. Signalstoffe können im Gehirn ausgeschüttet werden und über die Blutbahnen oder über Nervenzellfortsätze zu den Zielzellen im Körper gelangen. Umgekehrt lösen Signale aus dem Körper eine Aktivierung von Nervenzellen aus; durch die Erregung werden Prozesse im Gehirn in Gang gesetzt. Ein Trauernder beschrieb seine Situation wie folgt: »*Ich saß in meiner Trauer ganz zusammengerollt irgendwo in einer Ecke, ganz schief und krumm. Nach einer Weile stand ich auf, ging an das Fenster und öffnete es, atmete die frische Luft ein, reckte und streckte mich. Da fühlte ich mich viel wohler.*« Diese Äußerung zeigt, wie körperliche Bewegungen Abläufe besonders in den emotionalen Zentren des Gehirns und rückwirkend im ganzen Körper verändern können.

Der gesamte Leib ist mit dem Gehirn und allen dort abgespeicherten Sinneseindrücken, Gedächtnisspuren, Bildern und Verhaltensmustern seit unserer frühesten Entwicklung verbunden. Wenn es von früh an die Norm war, schmerzhafte Gefühle nicht äußern zu dürfen und sich »zusammenreißen« zu müssen, dann sind mit der Zeit Abwehrvorgänge mit den entsprechenden neuronalen und auch muskulären Mustern entstanden. Es kann sich dann oft eine Haltung zeigen, die als »verkrampft«, manchmal auch als »schief und krumm« wahrgenommen wird. Der Raum zum Atmen scheint eingeengt zu sein. So werden diese Abwehrvorgänge »verkörpert«. Bei Erfahrungen von schweren Verlusten, die mit dem Gefühl von Ohnmacht und Hilflosigkeit verknüpft sind, werden solche Muster der Vermeidung und Abwehr aktiviert. Aber auch der umgekehrte Weg ist möglich (Hüther 2006, S. 95 ff.): Durch Entspannung von Muskeln, durch tiefes und ruhiges Atmen, durch Aufrichten und Bewegen in bewusster Balance können Bahnungen und Vernetzungen im Gehirn verändert werden; das gilt vor allem für die Ebene der Emotionen. Dabei ist es erforderlich, dass die alten Signalmuster, die von Muskeln, Gelenken und Organen an das Gehirn gehen, neu strukturiert und verknüpft werden. Alte Verflechtungen können sich lösen. Eine Mutter, deren Kind bei einem Unfall starb, äußerte: »*Als ich jetzt die Sirene hörte, zuckte ich nicht mehr so zusammen, sondern ich konnte ruhig sitzen bleiben. Das tat mir gut.*« Bei Wiederkehr und bei Bestärkung solcher entspannender Verhaltensweisen können neue Verbindungen und Bahnungen entstehen. Eine offenere Haltung wird möglich. Mit Leib und Seele können wir freier und tiefer Atem schöpfen. Wir können etwas mehr Ruhe finden.

2.6. Anspannung und Entspannung

Sowohl bei extremem Stress, wie er bei schweren Verlusten erfahren wird, wie auch bei den Möglichkeiten der Entspannung und Erholung spielt im gesamten Körper das vegetative Nervensystem mit den Gegenspielern Sympathikus (Anspannungssystem) und Parasympathikus (Entspannungssystem) eine entscheidende Rolle.

Der Sympathikus mobilisiert alle Kräfte, um auf bedrohliche Situationen zu reagieren. Er sorgt für eine schnellere Atmung, eine Beschleunigung des Herzschlages, eine Erhöhung des Blutdrucks, eine Verringerung der Verdauungstätigkeit sowie die Bereitstellung von Blutzucker (Glukose), um alle Kräfte zu aktivieren. Außerdem werden die Pupillen erweitert, die Haare können sich sträuben.

Der Parasympathikus dagegen verlangsamt die Atmung, er lässt auch das Herz langsamer schlagen. Er erhöht aber die Verdauungstätigkeit, körperliche Reserven wie Blutzucker werden wieder aufgebaut. Die Pupillen werden wieder enger und sind mehr auf das Sehen im Nahbereich eingestellt. Der Hauptnerv in diesem Entspannungssystem reicht in weite Teile des Brust- und Bauchbereichs hinein und verzweigt sich dort.

Das vegetative Nervensystem hat vor allem zwei Aufgaben: Es soll alle zum Leben notwendigen Funktionen in einem stabilisierenden Gleichgewicht halten. Zum andern soll es die notwendigen Kräfte bereitstellen, um auf Herausforderungen reagieren zu können. So muss es in einer Notfallsituation sehr schnell alle notwendigen Abwehrmöglichkeiten mobilisieren, gleichzeitig muss es mit der Zeit eine Balance ermöglichen, in der das Leben trotz der Bedrohung stabilisiert wird, damit sich der überforderte Mensch wieder entspannen, sich erholen und neue Kräfte sammeln kann. Die Erfüllung beider Aufgaben wird dadurch möglich, dass im vegetativen Nervensystem beide Gegenspieler zusammenwirken: Auf der einen Seite der Sympathikus für Leistungssteigerung bei Angriff und Flucht, auf der anderen Seite der entwicklungsgeschichtlich jüngere Parasympathikus für Ernährung und Verdauung sowie für Entspannung und Erholung. Die »Umschaltung« von großer Anspannung auf »Entspannung« kann in vielen Trauersituationen erlebt werden: *»Da wusste ich eben noch gar nicht, was ich wollte und was ich sollte, alles wuchs mir über den Kopf. Ich habe mich dann einfach hingesetzt und tief Atem geholt. Da wurde ich plötzlich ganz ruhig.«*

Für den Prozess der Trauer ist es bedeutsam, dass dieses Entspannungssystem bewirkt, dass die Tränen nach außen fließen: Der Fluss, der über die notwendige Benetzung der Augen hinausreicht, strömt nicht wie sonst durch die Nase ab, sondern tritt nach außen in das Gesicht hinein. Offensichtlich befinden sich verstärkt Stresshormone in der Tränenflüssigkeit. Sie werden also mit den Tränen aus dem Körper ausgeschieden. So kommt es, dass das Weinen oft als Erleichterung und Entlastung empfunden wird. Auch kann mit diesen Tränen ohne Worte zum Ausdruck kommen, in welcher Situation der Trauernde sich befindet. Ohne stimmliche Sprache wird Mitteilung möglich.

Zu dem umfassenden Nervennetzwerk im Bauchraum, das vom Parasympathikus mitbestimmt wird, gehört auch das Sonnengeflecht. Es liegt etwa eine Handbreit oberhalb des Bauchnabels unter der Bauchdecke; von ihm her werden u. a. Magen, Dünndarm, Leber und Nieren gesteuert. Wird dieses Geflecht durch Handauflegung auf den Bauch aktiviert, kann es zu einer Beruhigung der betroffenen Organe und durch erhöhten Blutfluss zu einer Wärmebildung kommen, dadurch können sich im gesamten Körper Ruhe und Wohlbefinden einstellen. Wenn unter dem Einfluss des Parasympathikus

Entspannung eintritt und gute Verdauung möglich wird, kann das auch Rückwirkungen darauf haben, dass die schweren Erfahrungen eines Abschieds nicht immer im Bauch liegen bleiben, sondern mit der Zeit bearbeitet werden können. Wir können dann noch deutlicher wahrnehmen, dass zur Verdauung beides gehört: einmal das Ausscheiden von Ballaststoffen und von Substanzen, die uns schaden und auf Dauer vergiften können, zum andern die Aufnahme von Nährstoffen, die wir zum Leben brauchen und die uns in unserem Trauerprozess Kraft geben.

2.7. Die Bedeutung von Spiegelungen

Die Beziehungen, die wir zu anderen uns wichtigen Personen haben, beeinflussen und prägen die Landschaft im Gehirn in besonderer Weise. Die Entdeckung der »Spiegelneuronen« hat deutlich gemacht, wie sehr solche Beziehungen die Bahnungen und Vernetzungen im Gehirn bestimmen; dabei geht es immer um Spiegel-Systeme.

Diese Nervenzellen spiegeln in uns das wider, was wir bei einem anderen Menschen wahrnehmen, z.B. seine Handlung. Spiegelneurone sind genau die Zellen, die auch bei uns aktiv werden würden, wenn wir die beobachtete Aktion ausführen würden. Im Zusammenspiel mit anderen Netzwerken ermöglichen es diese Neuronen, dass wir eine ganze Handlungsabfolge von innen her erfassen können, auch wenn wir nur einzelne Signale dieser Aktion wahrnehmen. Weiterhin bewirken Spiegelneuronen, dass wir auch die Emotionen eines anderen Menschen in uns selbst fühlen, so zum Beispiel Ekel, Schmerz oder Freude. Tania Singer beschreibt in einem Experiment durch bildgebende Verfahren, dass Partner den (simulierten) Schmerz ihrer Partnerin durch diese Neuronen empfinden, auch wenn ihnen das in ihrem Denken manchmal gar nicht bewusst ist.

Spiegelneurone sind häufig in den Teilen der Hirnrinde zu finden, die das Körperempfinden, das Durchdenken und das Durchspielen verschiedener Lösungen ermöglichen. Besonders wird auch das

Sprachzentrum von diesen Neuronen bestimmt. Dadurch können wir uns mit anderen in unseren Gedanken und Gefühlen, in unseren Gesprächen und Handlungen abstimmen. Dabei gehören zum Sprechen nicht nur Worte, sondern auch Blicke, Mimik, Gestik und die Haltung insgesamt; das alles bezeichnen wir als »Körpersprache«. Bei jedem Menschen entwickelt sich die Ausbildung der Nervenzellen und speziell der Spiegelneuronen ganz unterschiedlich. Es kommt sehr darauf an, wie häufig und wie intensiv die Neuronen genutzt werden, wie oft also im Kontakt mit anderen »gespiegelt« wird; immer ist dazu eine Partnerin oder ein Partner erforderlich. J. Bauer spricht von einer genetischen Grundausstattung, in der dem Säugling ein »Startset« an Spiegelneuronen zur Verfügung gestellt wird (Bauer 2005, S. 57 ff.). Im wechselseitigen Spiel mit der Bezugsperson durch Blickkontakte, Berührungen, gegenseitiges Nachahmen von Lauten und Gesten, Lächeln und Zuwendung bilden sich neue Kontaktstellen (Synapsen), Bahnungen und Vernetzungen, die Bindung und Selbstvertrauen ermöglichen. Beim Erwachsenen geschieht in Verliebtheit und Liebe ein ähnliches Spiel (a. a. O., S. 97 ff.). Dann werden wie in der Kindheit das Hormon Oxytozin sowie körpereigene Opioide ausgeschüttet, die Bindung und Wohlbefinden fördern. Zwischen den beiden Personen entstehen bei wachsender Vertrautheit bestimmte Muster (»maps«), die einander entsprechen. Dadurch können sich beide in der Kommunikation aufeinander einschwingen. Jeder Partner hat in sich das Bild des anderen Partners als »innere Repräsentation«. J. Bauer spricht davon, »so etwas wie einen weiteren Menschen in sich zu haben« (a. a. O., S. 97 ff.). Die Landschaft des Gehirns ist also stark durch den Partner oder die Partnerin beeinflusst. Durch dauernde Spiegelungen, Rückmeldungen, Kritik, Bestätigungen haben sich Vernetzungen gebildet, die es so nur in dieser Beziehung gibt. Wie einschneidend und tief greifend sind die Folgen für uns, wenn der Mensch stirbt, mit dem wir in all diesen Spiegelungen und Verflechtungen verbunden waren?

3. Reaktionen auf den Verlust

3.1. Ab-Schnitt vertrauter Spiegelungen

Einige Trauernde empfinden nach dem Tod einen scharfen Schnitt, der das ganze Leben zerreißt: »*Ich fühle mich von allem abgeschnitten. Aber ich kann noch gar nicht fassen, was da geschehen ist.*«
Ein Blick auf die beschriebenen Prozesse macht deutlich, wie zutreffend die Erfahrung des Abschieds in diesen beiden Sätzen zum Ausdruck kommt. Der Schnitt betrifft tatsächlich all die wichtigen Lebensbereiche, in denen bisher die Verbundenheit bestand. Neurobiologische Forschungen haben gezeigt, wie weitreichend die Bahnungen und Vernetzungen sind, die sich im Laufe des gemeinsamen Lebens gebildet haben. Es kann Jahre gedauert haben, bis diese spezifische Landschaft mit ihren Bahnungen und Mustern entstanden ist. In ihr befinden sich die Repräsentationen (Darstellungen) der gemeinsamen Erfahrungen, der gemeinsamen Verhaltensweisen und auch der gemeinsamen Sprachregelungen. Solche Repräsentationen, deren Länge in der Vernetzung 1 cm oder mehr betragen kann, benötigen Jahre zu einer Verschiebung und zur Umgestaltung.

Die meisten Muster und Umgangsweisen bestehen nach dem Tod des Partners zunächst weiter. Dabei wird immer wieder mit Schrecken bewusst, dass darauf vom verstorbenen Partner her nicht mehr wie früher eine Antwort kommt und nie wieder kommen wird. Trotzdem laufen alte gewohnte Erwartungen weiter. Es ist einfach nicht zu fassen: Die Witwe deckt morgens für ihren Mann den Frühstückstisch und stellt seine Tasse auf den Tisch, wie sie es immer getan hat. Doch er wird den Kaffee nie wieder trinken. Wie lange wird sie ihn noch erwarten? Der Vater fährt immer wieder nachmittags an der Schule vorbei, wo er früher seinen Sohn abgeholt hatte, aber der wird ihm nie wieder dort entgegenkommen: Es ist nicht zu fassen.

Der wahnsinnige Schmerz macht dann deutlich, dass es nicht wie bisher weitergehen kann, sondern langsam eine Veränderung notwendig wird, in der auf die gegenwärtige Situation eingegangen wird.

▶▶ *Der Vater erzählte mehrere Wochen nach dem Tod seines Sohnes folgenden Traum: »Ich fuhr mit einem sehr schnellen Expresszug in weite Ferne. Aber plötzlich wurde die Landschaft immer fremder und einsamer: Es ging durch Wüsten und raue Berge. Der Zug verringerte seine Geschwindigkeit. Ganz langsam fuhr er schließlich. Er kam in ein Dorf mit Blumen, am liebsten wollte ich sie pflücken. Der Zug hielt in einem kleinen Bahnhof. Ich sah auf das Stationsschild. Darauf stand: ›Lassen‹.«* Im Traum zeichnet sich eine Umwandlung ab: Aus dem früheren Expresszug wird ein Bummelzug. Ein Halt wird möglich. Das Schild weist auf einen neuen Ort hin – vielleicht eröffnet sich auch eine neue Perspektive. Auch wenn es noch nicht zu fassen ist, vielleicht wird »Lassen« möglich. Dazu gehört es, langsam die Spiegelungen und Muster zu verwandeln, die bisher das Leben stark bestimmt und geprägt haben. Das aber braucht viel Zeit.

In Tagträumen scheint der Verstorbene als lebendiger Mensch wiederzukehren; plötzlich wachen Trauernde aus solchen Träumen auf und spüren, dass sich alles nur in ihrer Vorstellung wie in einem Film abgespielt hat. Die gewohnten Muster in uns sind trotz des Ab-Schnitts noch wirksam. Oft ist es nicht einfach, die immer wieder ablaufenden Erinnerungen von der Gegenwart zu unterscheiden, in der der Verstorbene so sehr fehlt. Oft besteht der Wunsch, alles so zu lassen, wie es gemeinsam mit dem geliebten Menschen war: mit den vertrauten Räumen, mit allen seinen Sachen und seiner Kleidung, oft auch mit den alten vertrauten Gewohnheiten. *»Es soll alles so bleiben, wie es ist.«* Doch nach und nach beginnen Trauernde meist mit einem Umstellen von Gegenständen, räumen Möbel um und geben einige Kleidungsstücke weg. Dieses Umräumen bewirkt, dass es auch in der inneren Landschaft langsam zu einem Umstellen und Umräumen kommt. So können neue Bahnen und Vernetzungen entstehen, die der gegenwärtigen Situation mehr entsprechen.

Solche Wandlungsprozesse laufen bei Trauernden sehr unterschiedlich ab. Bei Verlust eines Kindes besteht oft weiter der Wunsch, immer noch für das Kind da zu sein, für sein Wohl zu sorgen und ihm die ganze Liebe und Zuwendung zu geben. Beim Abschied nach vielen Ehejahren bestehen oft das Bestreben und die Sehnsucht, mit dem Partner gemeinsam das Leben weiterzuführen und zu gestalten, mindestens mit ihm zu sprechen auf dem Friedhof oder auch zu Hause. Es fällt dann unendlich schwer, mit Leib und Seele einzusehen und zu erfassen, dass es nicht mehr so wie früher möglich ist. Wir brauchen bei dem Ab-Schnitt einen inneren Schutz, den uns unser Körper auch gibt.

3.2. Schutzreaktionen

Bei innerer Zerrissenheit ist der Organismus darauf ausgerichtet, einen Ausgleich und eine Stabilisierung herzustellen. Dazu stehen Mechanismen bereit, die sich ausgebildet haben – in der Entwicklungsgeschichte der Tiere und Menschen sowie in der Lebensgeschichte jedes Individuums. Ist der geliebte Mensch gestorben, dann wirken bei den Trauernden die leib-seelischen Vorgänge – bei allen individuellen Unterschieden – zunächst dahin, das eigene Leben vor dem totalen Zusammenbruch zu bewahren. Bei schweren Verletzungen seelischer oder körperlicher Art erhalten wir immer beides, Mittel zur Betäubung und Mittel zur Aktivierung, um uns aus der Bedrohung zu befreien. Unser Organismus ist so eingerichtet, dass er in bedrohlichen Situationen nicht nur Substanzen ausscheidet, die das die Erregung steigernde Adrenocorticotropin (ACTH) enthalten. Zugleich wird auch das körpereigene Betäubungs- und Beruhigungsmittel Betaendorphin ausgeschüttet. In dem Ursprungseiweiß, das die körperlichen und seelischen Reaktionen auf eine akute große Gefahr hin anstößt, sind sowohl körpereigene Opioide wie auch Stress erzeugendes Corticoid enthalten. (Der lange Name Proopiomelanocortin weist darauf hin, dass in diesem Eiweißstoff immer eine Verbindung von Opioiden wie auch Corticoid besteht.) Die Betäubungsmittel bewirken, dass die Realität in ihrer Bedrohlichkeit oft noch nicht voll wahrgenommen wird: »*Ich stehe neben mir und schaue zu, als ob das gar nicht wirklich ist.*«

Die besondere Situation in den Tagen nach dem Tod ist für die Angehörigen auch dadurch gekennzeichnet, dass viele Regelungen zu treffen und Formalitäten zu erledigen sind. Das alles lenkt zunächst vom Schmerz des Abschieds und von der Auseinandersetzung mit der eigenen seelischen Situation ab: »*Es ist so viel zu tun, ich komme noch gar nicht richtig zu mir.*« Manchmal gibt es in dieser ersten Zeit viele Begegnungen und Kontakte mit näherer und weiterer Familie, mit Freundinnen und Freunden, Nachbarn und Bekannten. So wird die Einsamkeit und Leere oft noch nicht im ganzen Ausmaß spürbar.

Manche Menschen suchen auch in der weiteren Folgezeit nach dem Verlust, sich durch verstärkte Arbeit abzulenken. Vielfach kommt es dabei zu einer Überforderung. Dafür gibt der Körper dann meist Signale: Schmerzen treten auf, die Erschöpfung wird spürbar. Ein Witwer erzählte von seiner Erfahrung: »*Am Anfang dachte ich, ich stürze mich einfach in meine Arbeit, aber es geht so nicht weiter. Die Trauer hat mich eingeholt.*«

Eine besondere Schutzreaktion tritt dann auf, wenn Menschen durch den Tod eines nahen Angehörigen oder Freundes eine besonders schwere seelische Verletzung erleiden. Das kann geschehen bei einer Selbsttötung, bei einem schweren Unfall oder bei einem tödlichen Herzinfarkt. Wer auf diese Weise mit dem plötzlichen Abschied konfrontiert wird, hat oft zunächst keinerlei Möglichkeit, dieses furchtbare Ereignis zu bearbeiten, weder körperlich, noch seelisch, noch geistig. Eine unmittelbare Aufnahme aller Eindrücke könnte zur Folge haben, dass die Lebensfunktionen zusammenbrechen und die eigene Existenz zerstört wird. Als Notfallreaktion wird deswegen das schreckliche Ereignis vom bearbeitenden Bewusstsein abgespalten. Die Informationsverarbeitung, wie sie sonst im Zentrum des bewussten Gedächtnisses und in der Hirnrinde geschieht (vgl. 29), wird unterbrochen. Es bleiben zwar alle Einzelheiten des Ereignisses im Leib präsent: Die Sirene des Krankenwagens ertönt, das Blaulicht flackert, und der Regen fällt auf die nasse Straße. Diese Bruchstücke können aber nicht bewusst eingeordnet und in ihrem Zusammenhang erfasst werden. So erscheint die traumatische Erfahrung wie ein »eingedrungener Fremdkörper« (Fischer u. Riedesser 2003, S. 124). Doch kann ein Auslöser wie z. B. die Sirene eines gerade jetzt vorbeifahrenden Polizeiwagens die einzelnen Erinnerungsbilder sofort aktualisieren. Die Abspaltung dient dem Schutz vor Überflutung, andererseits wächst mit der Zeit das Bedürfnis, zu einem weiterführenden Umgang mit dem schrecklichen Ereignis zu kommen. Es zeigt sich auch bei dieser Schutzreaktion, dass ihre bewahrende Wirkung auf eine bestimmte Zeit begrenzt ist. Wenn die Kraft zunimmt, sich mit der schweren Erfahrung des Abschieds auseinanderzusetzen, lassen oft die Reaktionen nach, die in der akuten Not das eigene Leben ganz elementar bewahren.

3.3. Stressreaktionen

Bei unkontrolliertem Stress in lebensbedrohlichen Situationen bestehen drei Grundmuster, die in der Entwicklungsgeschichte entstanden sind; bei jedem einzelnen haben sie durch die eigene Lebensgeschichte ihre individuelle Ausprägung gewonnen. Es handelt sich erstens um die Flucht, zweitens um den Angriff und drittens um den Totstellreflex. Im Teil »Basiswissen« haben wir gesehen, wo diese Reaktionen ausgelöst werden, nämlich im »zentralen Höhlengrau«, das in der vegetativen Ebene des Gehirns liegt (S. 28 f.). Diese Reaktionen, die wir großenteils mit vielen Tieren gemeinsam haben, hatten ursprünglich die Funktion, das eigene Leben zu retten, nämlich durch Angriff gegen den gefährlichen Feind, bei einem stärkeren

Gegner durch Flucht oder durch scheinbare Todesstarre, um liegen gelassen zu werden. Heute ist es vielen Menschen in Krisensituationen nicht bewusst, warum und wovor sie laufend auf der Flucht sind. Manche wissen auch nicht, wohin sie mit ihrem Zorn sollen. In der Trauer wechseln diese Reaktionen manchmal in schneller Folge: »*Mal möchte ich mich einfach nur zurückziehen und von nichts mehr wissen, mal möchte ich wild um mich schlagen, weil ich es einfach nicht mehr aushalte.*«

Alarmierende Botschaften wie eine Todesnachricht gelangen gewöhnlich zunächst nicht an die Zentren des Denkens der Hirnrinde (3. Ebene), sondern sprechen direkt das Alarmzentrum (Mandelkern) an und aktivieren es (S. 29f.). Von dorther wird alles in Bewegung gesetzt, um der Bedrohung zu begegnen.

Alle Kräfte sollen mobilisiert werden, um das eigene Überleben zu gewährleisten. Zwei Stressreaktionen werden in Gang gesetzt:

→ Der Botenstoff Noradrenalin, der die Aufmerksamkeit fördert, wird erhöht ausgeschüttet. Durch das Anspannungssystem »Sympathikus« wird der Blutdruck erhöht, die Atmung geht schneller, die Muskelanspannung wird gesteigert.

→ Wenige Minuten später wird durch Cortisol der Anteil von Zucker (Glukose) und Fettsäure im Blut erhöht und dadurch die Widerstandskraft gestärkt. Außerdem wirkt das Cortisol entzündungshemmend und hält den Körper kurzfristig fit, um auf die Herausforderungen schnell zu reagieren.

Der starke Anstieg von Stress wird durch ausgleichende Rückkoppelungen wieder heruntergefahren: Beruhigende und stabilisierende Stoffe werden produziert, dazu gehört das Betaendorphin, das wir bereits kennengelernt haben (S. 47f.). Auch sorgt das Entspannungssystem »Parasympathikus« dafür, dass im Körper mehr Ausgleich und Balance möglich ist. Der Stress kann wieder zunehmen, wenn die Unausweichlichkeit des Todes stark gespürt wird. Wenn die seelische Belastung zu lange anhält, kann die dämpfende Rückkopplung zusammenbrechen und es zu einem hohen Stresspegel kommen, der in Körper und Seele Schaden anrichtet.

Im Stress der Trauer werden besonders die beiden Grundmuster »Flucht« und »Aggression« mobilisiert. Warum Trauernde so häufig hin und her fliehen, ist ihnen selbst meist gar nicht bewusst.

▶▶ *Ein Witwer erzählte:* »*Mit meinem Auto fahre ich allein überall durch die Gegend, besonders an die Orte, wo ich damals mit meiner Frau war. Aber kaum bin ich an einem solchen Ort, da halte ich es dort gar nicht aus, sondern fahre wieder weiter.*« *Eine Witwe spricht von ähnlichen Erfahrungen:* »*Zu Hause fällt mir die Decke auf den Kopf, da will ich bloß raus. Aber wenn ich unterwegs bin, woanders hin, da will ich möglichst bald wieder nach Hause.*« Es ist dann notwendig, nach Wegen zu suchen, diesen Stress wieder abzubauen und Ruhe zu finden.

Ein anderes Muster, in dem sich übermäßiger Stress in der Trauer äußern kann, ist die Aggression. Sie kann sich zum Beispiel gegen Ärzte richten, die nach Aussagen von Trauernden das Sterben des geliebten Menschen hätten verhindern müssen. Zuweilen werden über lange Zeit Prozesse geführt – und es ist bitter zu spüren, dass der Verstorbene trotz allem nicht wieder in dieses Leben zurückkehrt. Einige Trauernde klagen den Toten selbst an, dass er von dieser Erde gegangen ist: »*Warum hast du mich verlassen?*« Sie sagen diese Worte am Grab laut oder auch leise; manche schreien sie am Strand aufs offene Meer hinaus.

Manchmal wird das Schicksal angeklagt, das sich so grausam verhält. Viele richten ihren Zorn auch gegen Gott: »*Es ist so ungerecht! Warum hast du mir den genommen, den ich über alles geliebt habe?*« Das Aussprechen solcher Klagen erleichtert und befreit oft. Schwierig wird es, wenn Trauernde die Aggression gegen sich selber richten: »*Hätte ich besser aufgepasst, wäre er nicht gestorben. Dann wäre er jetzt noch hier.*« Diese Selbstaggressionen können den Stress in der Trauer unerträglich steigern und den Trauerprozess erschweren. In solchem Stress sind Entlastung und Lösung notwendig.

3.4. Panik als Reaktion des Bindungssystems

Ein weiteres Reaktionsmuster bei einem schweren Verlust ist die Panik. Hier werden Ängste mobilisiert und reaktiviert, die sich meist schon in früher Kindheit entwickelt haben. Das Kind, das befürchtet, von seiner Mutter verlassen zu werden, beginnt oft zu weinen und zu schreien. Es möchte so die Aufmerksamkeit und die Zuwendung erreichen, die es zum Leben braucht. Es gerät in Panik, wenn die Mutter keine Notiz davon nimmt, ihr Kind nicht in den Arm schließt und tröstet. Bleibt es gänzlich verlassen, kann es schließlich verstummen und erstarren. Berührt aber die Mutter das Kind zärtlich, spricht sie zu ihm liebevoll und wischt es ihm die Tränen ab, dann entspannt und beruhigt sich das Kind. Ist es aber in seiner Bindung zu Mutter und Vater unsicher, dann wiederholen sich solche Panikzustände. Auf Dauer wird auch die Landschaft des Gehirns durch solche Bahnungen und Vernetzungen geprägt. Wenn es später zu schweren Verlusterfahrungen kommt, wird dieses gewohnte Reaktionsmuster wieder aktiviert.

Dieses Grundmuster unterscheidet sich von den Stressreaktionen »Flucht« und »Kampf«. Während diese beiden Reaktionen vom Anspannungssystem »Sympathikus« bestimmt werden, ist bei der Panik das Entspannungssystem »Parasympathikus« wirksam. Es löst den Tränenfluss aus, der auf der einen Seite erleichtert, auf der anderen Seite die Notwendigkeit von Hilfe und Unterstützung sichtbar zum Ausdruck bringt (S. 42). Das wird verstärkt durch Schluchzen und klagende Laute. Der Ruf nach der Liebe der Mutter wird unüberhörbar.

Bei manchen Trauernden tritt eine Panik auf, wenn der geliebte Mensch verstorben ist: »*Bin ich jetzt ganz verlassen? Wer wird mir nun die notwendige Zuwendung geben, die ich zum Leben brauche?*«

▶▶ *Eine Witwe erzählte in der Trauergruppe:* »*Ich wollte mit meinem Mann in unsere neue Wohnung einziehen, dann aber starb er plötzlich. Jetzt bin ich vollkommen hilflos. Ich fühle mich mutterseelenallein. Er muss doch zurückkommen. Ich kann das doch alles nicht allein machen. Wie soll ich denn die Möbel einräumen? Mir steht das Wasser bis zum*

Hals.« Dann fing sie an zu weinen, schluchzte laut, beruhigte sich aber wieder. *Die Mitglieder der Gruppe nahmen sie mit ihren Gefühlen an, sie sah sich in der Gruppe aufgehoben, richtete sich wieder auf, auf ihrem Gesicht erschien ein Lächeln. Einen Monat später berichtete sie, dass sie den Einzug selbst gut organisieren und gestalten konnte.* »*Als ich dann nach alledem in meiner neuen Wohnung allein war, habe ich mir ein Glas Sekt gegönnt. Mein Mann war zwar nicht da, aber in Gedanken habe ich auf ihn angestoßen. Ich bin dankbar, dass ich das selbst geschafft habe.*«

Die Kenntnis von den Grundmustern wie Flucht und Kampf einerseits und Panik andererseits kann auch für alle diejenigen fruchtbar sein, die Trauernden zur Seite stehen und sie begleiten wollen. Wir haben dann mehr Möglichkeiten, die jeweilige Situation zu erkennen und achtsam auf sie einzugehen. Bei einem von Panik bestimmten Verhalten liegt es nahe, zuerst für den Trauernden da zu sein und ihm Raum und Zeit zu lassen, die Gefühle zum Ausdruck zu bringen. Problematisch wird es, wenn wir dem anderen in seiner Hilflosigkeit helfen wollen und dabei vielleicht die Rolle einer Mutter oder eines Vaters übernehmen. Die Bindung damals in der Kindheit war ja möglicherweise gerade nicht so gestaltet, dass sie zu Selbstvertrauen und Eigenständigkeit führte. So kann es jetzt in der Trauersituation günstig sein, die Trauernden in ihrer Selbstständigkeit zu bestärken, dass sie ihren eigenen Weg finden und gehen.

3.5. Veränderungen in der Landschaft des Gehirns

Die Erfahrung des schweren Verlustes hat starke Auswirkungen auf die Landschaft des Gehirns. Weiterhin wird diese Landschaft auch durch die Weise bestimmt, wie wir in der Zeit der Trauer mit dem Verlust umgehen. Bei den Veränderungen in der Zeit nach dem Verlust sind zwei Prozesse kennzeichnend:

Wie durch den Tod eines vertrauten Menschen das Alarmsystem »Mandelkern« aktiviert wird, zeigten wir im Teil »Basiswissen«. Die

Ebene der Gefühle ist mit Ausnahme des Zentrums für bewusstes Gedächtnis stark mobilisiert, während die Ebene des Denkens und des Sprechens oft nicht mehr voll funktionsfähig ist (vgl. S. 29 ff.). Um die Übererregung zu stoppen, wird das Entspannungssystem aktiviert, auch werden körpereigene Mittel ausgeschüttet, die beruhigen können. Zusätzlich können vom Wertezentrum und vom Denkzentrum in der vorderen Hirnrinde Impulse zur Ruhe und zum Ausgleich gegeben werden. Doch können durch bestimmte Erfahrungen und Erinnerungen die Stressreaktionen sofort wieder in Gang gesetzt werden. Jetzt kommt es auf die weitere Entwicklung an: Werden die Bahnungen übermäßigen Stresses dauerhaft verstärkt, sodass durch ständige Schleifen immer dieselben Reaktionen wiederholt werden? Das könnte dem Bild von der alten Autobahn entsprechen, die wir immer wieder im Kreis fahren, ohne sie je zu verlassen. Oder aber es bilden sich ganz andere Muster heraus: Durch Ruhe und Entspannung kann erreicht werden, dass die Emotionen teilweise gesteuert werden können, eine Stabilisierung kann erreicht werden, in der verletzende Erfahrungen langsam bearbeitet werden; so entstehen im Gehirn neue Bahnungen und Verflechtungen, die der gegenwärtigen Situation nach dem Verlust besser entsprechen.

Nach dem Tod des vertrauten Menschen kann das System der Spiegelungen, das in der Verbindung mit ihm zusammen aufgebaut wurde und in zahlreichen Repräsentationen (Darstellungen) mit unzähligen Bahnungen und Vernetzungen die Landschaft geprägt hat, nicht mehr wie bisher weitergeführt werden. Der verstorbene Mensch kann keine Antworten wie früher geben. Er fehlt, um Zuwendung zu geben und die gewohnten Bahnungen zu verstärken. Wenn die alten Bahnungen im Gehirn nicht mehr benutzt werden, dann sterben sie mit der Zeit ab. In solchem Änderungsprozess gibt es unterschiedliche Weisen, mit der Situation umzugehen. Manche Trauernde führen die Beziehungen zu den Verstorbenen immer weiter: Sie sprechen mit ihnen, gehen jeden Tag zum Friedhof, decken den Tisch für sie und setzen so die Beziehungen fort. Einige meiden jede Erinnerung an den Tod. Sie gehen nicht zum Friedhof und meiden alle Orte, die an das Sterben und Tod erinnern. An der Universität von Kalifornien in San Francisco wurden im Jahr 2008 Frauen untersucht, die ihre Mutter oder Schwester durch Brustkrebs verloren hatten. Im bildgebenden Verfahren zeigte sich, dass bei ihnen in ihrer Trauer das Belohnungssystem aktiv war. Dieses System ist bei sozialen Kontakten wirksam, spielt aber auch bei Suchtverhalten eine Rolle. Dieses Forschungsergebnis weist darauf hin, wie groß oft die Sehnsucht ist, die Beziehung über den Tod hinaus weiterzuführen. Bei einem Verhalten, das trotz des Todes weiterhin sehr auf die Verstorbenen ausgerichtet und fixiert ist, können zwar alte Bahnungen erhalten bleiben. Es besteht aber die Gefahr, dass sich das Spiegelsystem insgesamt rückbildet und verarmt, weil es weniger durch aktuelle lebendige Kontakte aktiviert wird. So können Muster entstehen, die in der Verengung und Erstarrung der Abläufe kaum noch Alternativen zulassen. Die Struktur des Gehirns bei schwerer seelischer Verletzung lässt sich in einem Bild darstellen: In einer Landschaft, in der sich ein tiefes und breites Tal befindet, auf das alles ausgerichtet ist, besteht die Tendenz, dass Bewegungen immer wieder auf dieses Tal zulaufen und sich dort verfestigen. So entsteht mit der Zeit eine feste Ordnung, die durch immer gleiche Abläufe bestimmt wird. Eine Veränderung solcher Situationen kann dadurch zustande kommen, dass mit der Zeit neue flexible Muster entstehen, die andere Abläufe ermöglichen (Flatten 2011, S. 464 ff.).

Gelingt es dagegen in der Trauer, den Abschied anzunehmen und sich langsam von bisheriger Fixierung zu lösen, kann es auch mit neuen Kontakten und Begegnungen zu neuen Spiegelungen kommen. Auch können in der Erinnerung Verbindungen zu dem Verstorbenen Raum erhalten. Sie unterscheiden sich dann aber deutlich von der Beziehung, die zu Lebzeiten bestand. Dieser Prozess wird in neurobiologischer Forschung als plastische Neuanpassung beschrieben (vgl. S. 22). Was nach dem Verlust abgetrennt ist und schmerzhaft fehlt, kann durch Umwege sowie durch Eingehen und Anpassen an neue Lebenssituationen langsam »kompensiert« werden. Da-

durch entstehen neue Vernetzungen, neue Muster und so auch neue
»Landschaften«. Es bildet sich ein Spielraum, in dem Schmerz und Erholung, Trauer und auch Freude ihren Platz haben.

▶▶ *Wie sich Bilder von einer Landschaft in einem Trauerprozess wandeln können, zeigt folgende Aussage einer Witwe in einer Trauergruppe:* »*Das alte Jahr, in dem mein Mann starb, war dunkel und schwer, voller tiefer, dunkler Täler; ich möchte es jetzt hinter mir lassen. Vor mir liegt ein neuer Raum. Ich sehe eine schöne Landschaft vor mir, mit bunten Gärten und Weiden, mit vielfältigen Feldern und auch mit einem kleinen Wald. In der Mitte liegt ein See, dort hinein fließt ein Bach. Das ist wohl meine Trauer, die gehört ja auch zu mir, aber sie ist nicht mehr alles.*«

Wie wir in der Trauer mit der schweren Verlusterfahrung umgehen, zeigt sich nicht nur in der Landschaft des Gehirns. Im ganzen Körper wirkt sich aus, wie wir den Abschied erleben und ihn dann mit der Zeit auch gestalten.

3.6. Veränderungen im gesamten Körper

Der Schmerz, den der Abschied vom geliebten Menschen auslöst, zeigt sich nicht nur in der Seele, sondern auch im Körper (vgl. S. 14 f.). Oft sind die Organe betroffen, die in der bisherigen Lebensgeschichte für Krankheiten anfällig waren. In der Trauerzeit verstärken sich dann häufig die Beschwerden.

In den Stressreaktionen, die der schwere Verlust bewirkt hat, kommt es zu einer erhöhten Ausschüttung von Cortisol. Dieses Hormon hat in der akuten Gefahr zunächst die Aufgabe, kurzfristig Entzündungen zu hemmen und den Körper für die momentanen Herausforderungen stabil zu halten. Bleibt jedoch die übermäßige Erregung lange Zeit bestehen und wird sie dann nach Abklingen immer wieder erneut hervorgerufen, so wird durch dauerhaft gesteigerte Ausschüttung das Immunsystem geschwächt. Weil die Erreger durch die körpereigenen Abwehrkräfte nicht genügend bekämpft werden können, werden wir dann leichter für Krankheiten anfällig.

Hinzu kommt, dass die Haltung im Körper, wie sie durch die Verlusterfahrung geprägt wird, auch Schmerzen auslösen kann: »*Die Todesnachricht hat mir so einen Stoß in den Rücken gegeben, seitdem tut mir der Rücken so weh. Ich gehe ziemlich gebückt. Es hat mich einfach umgehauen.*« Im Körper wird bei der Weitergabe von Schmerzsignalen bewirkt, dass sich Muskeln entsprechender Bereiche schnell zusammenziehen. Bei kontinuierlichen Schmerzen über lange Zeit hin kann es dann zu Muskelverspannungen kommen, die wiederum Schmerzen steigern können. So können chronische Rückenschmerzen bewirken, dass anhaltende Verspannungen im Bereich von Nacken, Schulter und Rücken auftreten. Über die erhöhte Stärke der Signale kann es möglicherweise zu noch stärkerer Schmerzwahrnehmung und Verspannung kommen.

Spannungskopfschmerzen, die ursprünglich vielleicht durch das Zusammenbeißen der Zähne entstanden sind, können in ähnlicher Weise verstärkt werden. Bei starker Anspannung werden die Blutgefäße der Muskulatur zusammengepresst, sodass durch erhöhten Muskelinnendruck die Durchblutung eingeschränkt wird (Rüegg 2007, S. 33). Dadurch können Schmerzen gesteigert werden. Das gilt nicht nur für willkürliche, sondern auch für unwillkürliche Muskeln wie das Herz. Werden die Herzkranzgefäße bei einer Vorschädigung durch übermäßige emotionale Erregung stark verengt, kann es zu Herzschmerzen kommen. Sie werden spürbar in den Zonen der Haut, die dem jeweiligen inneren Organ entsprechen; beim Herzen betrifft das den linken Oberarm sowie Teile des linken Brustbereichs und der linken Schulter. Bei starken Schmerzen über lange Zeit kann sich ein »Schmerzgedächtnis« bilden. Aufgrund früherer Schmerzerfahrungen können durch ständige Bahnungen solche Muster gebildet werden, dass ein Auslöser übermäßige Reaktionen in Gang setzen kann, die weit über den jeweiligen Anlass hinausgehen (vgl. Rüegg 2007, S. 42 und Roth 2003, S. 323).

Die Schmerzen können durch körpereigene Opioide gedämpft werden. Viele nehmen auch lindernde Medikamente ein. Es gibt zahlreiche Möglichkeiten der Betäubung und der Ablenkung. Regelmäßiges Entspannen kann den Stress reduzieren, Verkrampfungen lösen und Erleichterung bringen. Doch kann sich der Schmerz immer wieder melden: »*Eigentlich ging es mir schon wieder ganz gut, aber dann überfiel mich erneut dieser stechende Schmerz: Mein Mann ist nicht mehr da und kommt nie mehr wieder.*«

Der seelische Schmerz, den die Nachricht vom Tod eines geliebten Menschen auslöst, hat ursprünglich eine ähnliche Funktion wie ein sehr starker körperlicher Schmerz: Er will auf eine sehr große Schädigung aufmerksam machen, die schon besteht und die eine sehr bedrohliche, noch nicht absehbare Wirkung haben kann. Er will wachrütteln und will nachhaltig drängen, mit dieser schweren Situation umzugehen und nach Wegen zu suchen, sie zu bewältigen. Gegenüber dem körperlichen Schmerz besteht bei dem seelischen zunächst die Schwierigkeit, dass er sich nicht körperlich lokalisieren lässt: »*Alles tut mir weh.*«

Viele Trauernde beschäftigen sich dann eher mit den körperlichen Symptomen, die sich durch den unkontrollierten Dauerstress sowie durch das Verspannen und Verkrampfen herausgebildet haben. Körperliche Erkrankungen werden eher akzeptiert: Es liegen messbare Befunde vor, meist ist auch eine Behandlung möglich. Durch Krankheiten können seelische Schmerzen zunächst verdeckt werden; die ganze Konzentration ist auf die Behandlung und die Heilung der Symptome gerichtet. Oft ergibt sich der »Krankheitsgewinn«, sich ohne zu starke äußere und innere Anforderungen im Bett auszuruhen und vom übermäßigen Stress zu erholen. Aber nach der Heilung der Symptome kann die andauernde Abwesenheit des geliebten Menschen wieder schmerzhaft bewusst werden.

In der Trauer können wir diesen Schmerz zulassen, wir können ihn zum Ausdruck bringen und auch anderen mitteilen. Auf diese Weise kann die Trauer zwar nicht die Schmerzen um den geliebten Menschen nehmen, sie kann aber das Schmerzempfinden im ganzen

Körper wie in der Seele reduzieren. Dieses Empfinden hängt auch davon ab, wie der schwere Verlust verstanden wird. Erscheint die Situation total sinnlos und unkontrollierbar, werden die Schmerzen stärker gefühlt. Wird das Geschehen in einem Zusammenhang gesehen, der in aller Trauer doch eine Lebensperspektive eröffnen könnte, dann kann es zu Prozessen kommen, in denen Schmerzreaktionen gehemmt werden. Bilder und Symbole können dazu beitragen, die Situation des Verlustes in einem neuen Licht zu sehen.

3.7. Bilder und Symbole

In der Zeit der Trauer haben wir oft einen besonderen Zugang zu inneren Bildern. Wie wir im Teil »Basiswissen« sahen, liegen sie als Gedächtnisspuren in uns und können plötzlich auftauchen. Sie können erschrecken, weil sie uns schlagartig die Verlusterfahrung in Erinnerung bringen. »*Immer wieder überfällt mich das Bild von dem schrecklichen Unfall. Ich sehe alles genau vor mir. Das Bild werde ich wohl nie mehr los.*« Andererseits können auch Bilder wiederkehren, die uns erfreuen, uns erleichtern und beruhigen. Die Landschaft, in der wir einen schönen Urlaub verbracht haben, können wir uns genau vorstellen. Im Tagtraum können wir darin verweilen. Ein Witwer erzählte: »*Nie werde ich vergessen, wie ich damals meine Frau kennenlernte und wie wir zum ersten Mal miteinander tanzten.*« Dabei war deutlich die Freude zu spüren, die ihn bei dieser Erinnerung erfüllte.

> **PRAXISANREGUNG**
>
> Bilder lassen sich auch bewusst herbeiführen. In der Trauerbegleitung hat sich die Methode sehr bewährt, nach einer Entspannungsübung in der Fantasie an den Ort zu gehen, an dem sich der Einzelne jeweils besonders wohlgefühlt hat und an den er jetzt noch gern denkt. Nach einer solchen Fantasiereise können die Gruppenteilnehmer erzählen, was sie erlebt haben. »*Ich war wirklich am Strand. Ich konnte die Wellen hören und sehen. Die Sonne schien so schön, dass mir richtig warm wurde.*« Andere

berichten, dass sie auf einem Berg mit weiter Aussicht waren, an einem Fluss saßen oder die Ruhe im eigenen Garten genossen haben. Tatsächlich werden in solchen Vorstellungen im Gehirn genau die Sehzentren mobilisiert, die auch beim Sehen in der äußeren Landschaft aktiv sind Auch in der Ebene der Emotionen werden die Prozesse ausgelöst, die entstehen, wenn wir uns in der jeweiligen realen Landschaft befinden. So werden zum Beispiel Botenstoffe wie Serotonin ausgeschüttet, die unser Wohlbefinden steigern.

Innere Bilder, die wir vor Augen haben, können zu Symbolen werden. Das geschieht dann, wenn Gegenstände in der Natur für uns eine Bedeutung gewinnen, die über sich selbst hinausweisen. So kann der Fluss, den wir sehen, zugleich zum Fluss unseres Lebens werden. Der Schmetterling, der auf dem Grabstein sitzt, kann für uns ein Zeichen der Hoffnung werden. Die Blumen, die uns geschenkt werden, können wir als Ausdruck von Liebe verstehen.

Symbole sind in der Trauerzeit besonders wichtig. Sie können dazu beitragen, dass wir in den tief greifenden Wandlungen inneren Halt und zugleich neue Orientierung finden. Sie lassen sich durch folgende Merkmale kennzeichnen:

> **INFO**
> - Symbole können einen weiten Raum eröffnen. Wenn wir glauben, dass uns der Verstorbene in einem funkelnden Stern begegnet und wir diesen Stern als ein Symbol verstehen, dann können wir Abstand finden und vielleicht auch die innere Beziehung neu gestalten. Es erschließen sich neue Möglichkeiten, die eigene Situation zu deuten. Wir können eine neue Sicht gewinnen und einen kleinen »Lichtblick« wahrnehmen. So können wir aus der atemberaubenden Enge herausfinden, in die uns der schwere Verlust gebracht hat. In der Landschaft des Gehirns kann sich das so auswirken, dass mit der Zeit neue Bahnungen entstehen, die eine Bearbeitung der Verlusterfahrung fördern.
> - In einem Symbol liegen heilende, zugleich aber auch zerstörerische Möglichkeiten. Ein Fluss kann mit seinem Wasser Fruchtbarkeit bringen und es an seinen Ufern grünen und blühen lassen. Er kann aber auch über die Ufer treten und die ganze Umgebung überschwemmen.

Die brennende Kerze kann wärmen und leuchten, sie kann aber auch einen vernichtenden Brand entfachen. Blumen erfreuen uns mit ihrer Schönheit, sie verblühen aber auch und machen uns die Vergänglichkeit bewusst. Diese doppelte Seite jedes Symbols kann weiterführen, wenn Verlusterfahrungen bearbeitet werden. Die dunklen und bedrohlichen Seiten des Lebens müssen dann nicht abgespalten, sondern können in der Trauer wahrgenommen werden. Wir können uns mit ihnen auseinandersetzen. Zugleich werden uns auch die heilsamen Kräfte bewusst. »*Wenn ich meine Trauer fließen lasse wie einen Fluss voller Tränen, dann kann mich das erleichtern. Zugleich schütze ich mich vor zu großer Überschwemmung und ziehe rechtzeitig meine Grenzen.*«

- Die Symbole weisen auf eine Wirklichkeit hin, die wir mit unserem Verstand und unserer Vernunft allein nicht begreifen können. So erzählte ein Witwer: »*Meine Frau hat kurz vor ihrem Tod eine Rose im Garten gepflanzt. Jetzt mitten im Winter fängt sie an ihrem Geburtstag voll an zu blühen. Ich sehe da ein deutliches Zeichen meiner Frau.*« Durch dieses Symbol können Zusammenhänge und Perspektiven entdeckt werden, von denen her der Tod der Frau neu gesehen werden kann: Auch jenseits des Todes kann mitten in der Kälte neues Leben entstehen.
- Das Verständnis von Symbolen ist bedingt durch die jeweilige Kultur und Religion, die dem Trauernden vertraut ist. Beim Erkennen von Symbolen wird das Wertezentrum aktiviert (vgl. S. 34). Dabei wird jeweils an bereits gespeicherte Bilder und Muster angeknüpft. Ein Christ kann an Bilder seiner Kindheit erinnert werden, wenn er die Glocken läuten hört. Für einen Moslem können durch den Gebetsruf vom Minarett Bilder, Erfahrungen und Riten seiner Religion lebendig werden.
- Symbole können mitgeteilt werden. Innerhalb eines bestimmten Kulturkreises oder einer Religion können sie meistens auch verstanden werden. So können Trauernde äußern, welche Symbole sie in ihrer Trauer besonders berühren. Sie brauchen dabei nur mit einer Geste auf das Symbol hinweisen. Sie können z.B. eine Kerze anzünden. Vertrauten Menschen können sie sagen, was ihnen diese Kerze bedeutet. Geschieht das häufiger, dann kann das zuvor oft blockierte Sprechzentrum wieder aktiviert werden, die Verbindung von rechter und linker Gehirnseite kann wieder gestärkt werden (vgl. S. 38).

Über Bilder und Symbole wird es leichter möglich, Worte zu finden. In der Begegnung mit anderen können dann auch Spiegelneuronen mobilisiert werden. Geschieht das häufig, können nach dem Abschnitt durch den Tod wieder neue Wege gebahnt werden und vielfältige Vernetzungen entstehen.

3.8. Umgang mit Schuld und Schuldgefühlen

Es kann schwere Schuld geben, ohne dass dabei Schuldgefühle entstehen (z. B. bei Tätern in Terror-Systemen). Umgekehrt kann ein Mensch auch Schuldgefühle empfinden, ohne dass sich eine bestimmte Schuld aufzeigen lässt. Beides ist möglich.

Bei vielen Trauernden gehören Schuldgefühle zu den Reaktionen auf den Verlust. Diese Gefühle können oft schwer belasten. Das »schlechte Gewissen« kann bedrücken, beißen und quälen. Oft fällt es Außenstehenden schwer, einen klaren Grund für solche Gefühle zu erkennen. Eine für andere deutlich erkennbare Schuld lässt sich häufig gar nicht finden und aufweisen. Trotzdem gelingt es Angehörigen und Freunden kaum, die Schuld »auszureden«. Manche Trauernde scheinen trotz aller Argumente an der Schuld festhalten zu wollen. »*Ich weiß auch nicht, aber immer wieder kehrt dieses Gefühl zurück: Ich habe doch Schuld.*« Für Begleitende wie für Trauernde ist es dann wichtig, sich die vielfältigen Ursachen für solche Schuldgefühle bewusst zu machen. Bei nicht erkennbarer äußerer Schuld kommen vor allem fünf Gründe in Betracht:

→ Sinnzusammenhang entdecken

Besonders quälend ist für viele Trauernde die Erfahrung, dass bei dem Tod des geliebten Menschen zunächst kein Sinnzusammenhang zu entdecken ist. Eine Mutter fragte verzweifelt: »*Warum ist mein Kind vom Auto überfahren worden?*« Ein äußerer Grund war schwer zu finden. Auf dem Weg von der Schule war die siebenjährige Tochter ganz unvermittelt auf die Fahrbahn gelaufen und dort von einem Fahrzeug erfasst worden. Die Mutter gab sich selbst die

Schuld: »*Hätte ich meine Tochter von der Schule abgeholt, wäre es nicht passiert.*« Dann nach einer Pause fuhr sie fort: »*Morgens schon beim Frühstück hatte ich so ein ungutes Gefühl. Ich hätte es einfach nicht zulassen dürfen, dass sie an diesem Tag zur Schule ging.*« Später fügte sie hinzu. »*Ich hätte in der ganzen Erziehung mehr dafür sorgen müssen, dass sie achtsamer im Straßenverkehr ist.*« Die Mutter versuchte mit ihrem Schuldbekenntnis, den verlorenen Sinnzusammenhang wiederherzustellen: »*Hätte ich mich nur richtig verhalten, dann wäre alles in Ordnung gewesen. Das Kind wäre nicht durch den schrecklichen Unfall getötet worden. Es wäre jetzt noch am Leben, alles wäre in Ordnung.*« Durch diese Schuldübernahme wird wenigstens in der Fantasie der zerbrochene Sinnzusammenhang für kurze Zeit wiederhergestellt.

→ Umgang mit der eigenen Hilflosigkeit

Bei dem schweren Abschied macht es viele hilflos und niedergeschlagen, so elend ausgeliefert zu sein. Wenn ich mir jedoch vorstelle, mit meinem richtigen Verhalten hätte ich das Geschehen auch ganz anders steuern können, bin ich nicht mehr so machtlos: »*Nur durch meine Fehler kam es zu diesem Unglück. Hätte ich alles anders gemacht, wäre es noch einmal gut gegangen.*«

→ Rückgängig machen

Trauernde können in ihren Vorstellungen durch das Wort »hätte« das schreckliche Geschehen scheinbar wieder rückgängig machen. Im Tagtraum kann dann die Mutter darüber nachdenken und erleben, was geschehen wäre, wenn die Tochter zu Hause geblieben wäre. Das Leben liefe weiter wie bisher. Dann plötzlich wacht sie aus diesem Tagtraum auf und merkt, dass das Entsetzliche doch geschehen ist und sich nicht mehr rückgängig machen lässt. Der Schmerz über den Verlust wird dann oft als noch quälender empfunden.

→ Vergegenwärtigung des verstorbenen Menschen

Durch die Schuldgefühle können Trauernde sich ständig so mit dem Verstorbenen beschäftigen, dass er in ihnen präsent und lebendig bleibt. Diese Vergegenwärtigung kommt dem Wunsch entgegen, der geliebte Mensch möge immer bleiben und nie weggehen. Doch lässt sich fragen, ob es uns mit anderen Gefühlen nicht viel besser gelingen könnte, die Beziehung zu dem geliebten Menschen zu gestalten. Das kann möglich werden, wenn ich mit Dankbarkeit an die Zeiten mit ihm zurückdenke. Auch die Sehnsucht und das Vertrauen, dass er aufgehoben und geborgen ist, können mich in meiner Trauer bestärken und mir guttun.

→ Schlechtes Gewissen als lang eintrainierte Reaktion
Der Grund für Schuldgefühle kann auch darin liegen, dass uns schon häufig ein schlechtes Gewissen gemacht wurde. Bei Fehlern wurden wir verantwortlich gemacht, und uns wurde oft die Schuld zugeschoben. Mit der Zeit haben sich dann solche Strukturen gebildet, dass wir auch den Verlust mit unserem Versagen in Verbindung bringen. Eine Witwe erzählte: »*Wäre ich in seinem Sterben doch nur bei ihm geblieben. Gerade als ich das Krankenzimmer verließ, um mich einen Augenblick zu erholen und etwas Zeit für mich selbst zu haben, da gerade starb er. Das kann ich mir nie verzeihen.*« Dabei ist der Trauernden zunächst nicht bewusst, dass der Sterbende oft die Abwesenheit der Angehörigen braucht, um sich auf die andere Seite zu wenden und wirklich zu sterben. Solche Erkenntnis können Trauernde häufig gar nicht wahrnehmen, weil das »schlechte Gewissen« noch durch die anderen Schuldursachen verstärkt wird.

Befreiung von solchen Schuldgefühlen kann durch rationale Argumente kaum geschehen. Bewährt haben sich dagegen Methoden, die das Geschehen in Leib und Seele einbeziehen.

PRAXISANREGUNG

In Trauergruppen frage ich manchmal Trauernde, die schwer unter ihrem schlechten Gewissen leiden und sich davon lösen wollen, wie groß die Masse dieses Gewissens ist, wo es sitzt, wie es aussieht, wie es riecht und sich anfühlt. Manchmal wird es dann als eklige, stinkende, grünliche oder gelbliche Masse beschrieben, die sich in weiten Teilen des Gehirns ausgebreitet hat. Bei manchen sind auch Brust, Bauch oder Herz davon besetzt. Einige Trauernde nehmen dann den Vorschlag an, diese Masse langsam in einen bereitgestellten Abfalleimer zu tun. Das ist oft ein schwieriger Prozess, der Zeit braucht. Der Abfalleimer wird dann häufig schwer und voll, schließlich wird er hinausgetragen. Wenn dieser Eimer weg ist, entsteht meist ein Gefühl der Befreiung in der Seele und im ganzen Körper.

Beginnen sich Trauernde so von alten Mustern und Verflechtungen zu lösen, dann achten sie eher darauf, ihre Gefühle bewusster wahrzunehmen und sich nicht wieder so stark von den alten Bahnen des »schlechten Gewissens« bestimmen zu lassen.

Ganz anders verhält es sich, wenn eine erwiesene Schuld vorliegt, die der Trauernde begangen hat und die ihm leidtut. Der Fahrer, der in Trunkenheit ein Kind totgefahren hat, stand in solcher Schuld. Wie kann mit dieser Schuld umgegangen werden? Hier können religiöse und kulturelle Traditionen wirksam werden, soweit sie jeweils für die Trauernden Bedeutung haben.

Im Christentum besteht die Möglichkeit, sich diese Schuld vergeben zu lassen und dann in einen neuen Abschnitt geschenkten Lebens zu gehen. Das kann in der Buße im Sinne von Einsicht und Umkehr geschehen, auch im persönlichen Gebet sowie im Ritual der Beichte. In der evangelischen Kirche kann dann der Pastor oder die Pastorin den Trauernden fragen: »Glaubst du, dass die Vergebung, die ich dir zuspreche, Gottes Vergebung ist, so antworte mit Ja.« Dadurch werden einerseits beim Trauernden die Selbstständigkeit, die Kraft und das Vertrauen bestärkt; es geht um den eigenen Glauben. Andererseits wird das Geschehen in die Vergebung des Gottes hineingestellt, der größer ist als das eigene Herz und das eigene Gewissen. Ein solch befreiender Zuspruch kann den Prozess der Trauer sehr fördern und sich heilend auswirken. Praktizierte Vergebung kann auch das Leben in einer Gemeinschaft prägen. In dem von Christen am häufigsten gesprochenen Gebet heißt es: »Vergib uns unsere Schuld, wie wir vergeben unseren Schuldigern.« Gelingt es z. B. in einer Traueransprache, die praktische Bedeutung dieser Bitte einigen Christen bewusst zu machen, kann in der Trauer auch bei schwerer Schuld eine Gemeinschaft von Vergebenden entstehen.

Ein anderes Ritual im Umgang mit Schuld und Schulden wird häufig im Islam praktiziert: Dort stellt der Vorbeter (Hodscha oder Imam) an die Anwesenden die Frage, ob sie ihre Ansprüche an den Toten als endgültig abgegolten erklären und sie ihn somit schuldenfrei aus der Gemeinschaft entlassen. Diese Frage bezieht sich nicht nur auf finanzielle Schulden, sondern gilt auch für bisher noch nicht gelöste Konflikte. Bei Bejahung erklärt der Vorbeter »nun auch seinerseits, stellvertretend für den Verstorbenen, dessen Rechte als abgegolten. Damit sind alle sozialen Verpflichtungen, die zwischen dem Toten und der Gemeinde bestanden, verbindlich aufgelöst.« (Blach 1996, S. 36) Wird dieses Ritual von Trauernden bewusst praktiziert und wahrgenommen, so kann es dazu führen, dass Schulden nicht länger »nachgetragen« werden, belasten und bedrücken, sondern Lösung und Befreiung in der Trauer möglich werden.

Beim Thema »Schuld« werden zwei Bereiche angesprochen, auf die wir noch im Folgenden eingehen werden: Einmal geht es um religiöse Traditionen und Lebensweisen (vgl. 115 ff.), zum anderen um die Bedeutung des Mitteilens, das nicht nur im Blick auf den Umgang mit Schuldgefühlen in der Trauer eine wichtige Rolle spielt.

3.9. Mitteilen in der Trauer

Bei vielen Trauernden ist durch den schweren Verlust die Art und Weise gewohnten Mitteilens beeinträchtigt. Das weit ausgebaute System der Spiegelneuronen, das auf den geliebten Menschen ausgerichtet war, ist plötzlich abgeschnitten und erhält keine Erwiderung mehr. Hinzu kommt, dass oft auch die Funktionen des Sprechzentrums zunächst eingeschränkt sind. Zugleich liegt vieles schwer in der Seele, das nach außen hin zum Ausdruck kommen und Verständnis finden möchte. Es sind nicht nur Gefühle von vermeintlicher oder tatsächlicher Schuld, es sind auch unsagbare Schmerzen, quälende Fragen, unstillbare Sehnsüchte. Trauernde hoffen dann vielfach, dass andere ihre schwere Situation wahrnehmen und einige ihrer Äußerungen mitempfinden können.

Die seelische Situation kommt zunächst meist in der Körpersprache zum Ausdruck. Fluchttendenzen zeigen sich oft in Unruhe, Aggressionen im geballten Ärger. Panik macht das Bedürfnis nach Zuwendung sichtbar. Für Angehörige und Freunde ist es oft schwer, diese Reaktionen auszuhalten und angemessen mit ihnen umzugehen. So ist es bei Panik günstig, Nähe und Geborgenheit zu vermitteln; es fördert den Trauerprozess, wenn dabei auch zum eigenen Weg durch die Krise ermutigt wird (vgl. S. 53).

▶▶ *In der Kommunikation mit Worten sprechen Trauernde oft in Bildern und Symbolen. Wenn Angehörige und Freunde sich dieser »Sprache der Seele« öffnen, kann es zu einem vertieften wechselseitigen Mitteilen kommen.* »*Zunächst wusste ich noch gar nicht, warum meine Mutter nach dem Tod meines Vaters sich ein Vogelhäuschen vor das Fenster stellte. Dann erst merkte ich, dass sie so eine Verbindung zur anderen Welt haben wollte – mit dem Vogel, der immer wieder zu ihr kam und sie besuchte.*« *Im Gespräch über solche Bilder und Symbole kann die Sprache langsam wiedergefunden werden; gleichzeitig können durch solche Begegnungen Spiegelneuronen aktiviert und neue Wege gebahnt werden.*

Oft erzählen Trauernde immer wieder Ereignisse aus der letzten Lebenszeit des geliebten Menschen. Für Angehörige und Freunde kann es hilfreich sein, sich bewusst zu machen, warum dieses wiederholte Erzählen für Trauernde so wichtig ist. Es geht dabei meist nicht um Information an andere, sondern um die Verarbeitung von schrecklichen Erlebnissen und Verlusterfahrungen. Vielfach sind sie nur als Bruchstücke in Erinnerung. Im Reden und Darstellen können sie langsam in einen Zusammenhang gestellt und in ihrer Bedeutung erfasst werden. Dazu bedarf es eines Menschen, der sich in die Situation einfühlen und aktiv zuhören kann; er wird dann ganz unwillkürlich Mimik und Gestik spiegeln, den Trauernden ermutigen und in der Krise die Stabilisierung fördern. Wenn die Frage nach dem »Warum« des ganzen Leids gestellt wird, sieht er sich dann nicht genötigt, darauf zu antworten. In einigen Trauerbegleitungen ist folgender Satz Franz Kafkas in seiner Erzählung »Die Prüfung« ein Leitmotiv geworden: »Wer die Fragen nicht beantwortet, hat die Prüfung bestanden.« Im gemeinsamen Aushalten der offenen Fragen kann dann der Schmerz über den Verlust gespürt und zugleich auch geteilt werden. Solches Zuhören wird von vielen Trauernden als wohltuend und erleichternd erlebt.

Trauernde haben viele weitere Möglichkeiten, ihren Erfahrungen und Gefühlen Ausdruck zu geben. Sie können dabei auch die Begabungen wiederentdecken, die in ihnen schon lange brachgelegen haben: Malen, Musizieren und andere Formen von Gestaltung. Für einige Trauernde besonders für Frauen, bietet das Tanzen eine wunderbare Gelegenheit, das nach außen zu bringen, was sie innerlich bewegt. Eine Witwe erzählte:

▶▶ *»Als ich zu einem Fest eingeladen war, habe ich mich zunächst sehr abgeschnitten gefühlt. Bedrückt saß ich allein in einer Ecke. Auf der Tanzfläche waren die Paare zusammen. Da wurde plötzlich Disko-Musik aufgelegt. Ich gab mir einen Ruck und ging allein auf die Tanzfläche. Ich ließ mich von dem Rhythmus erfassen und erfand ganz neue Schritte und Schwingungen. Andere Frauen kamen tanzend hinzu. Mit Blicken und Bewegungen nahmen wir Kontakt zueinander auf. Manchmal gingen wir in improvisierten Figuren aufeinander ein; dann lösten wir uns, und ich war wieder ganz bei mir selbst. Ich hatte mich richtig ausgetanzt. Ich fühlte mich so gut wie lange nicht mehr.«*

In solchem Ausdruck des Tanzes kommt vieles zusammen, was im Trauerprozess heilend sein kann: das freie Schwingen von rechts nach links und von links nach rechts (vgl. S. 38 f.), die Aufnahme von Spiegelungen mit anderen Menschen (vgl. S. 43 f.), das Fühlen eines tragenden Bodens, das Ausprobieren neuer Schritte, mal im Kreis, mal wieder zurück, dann wieder nach vorn. So können neue Bahnungen und Wege entstehen. In den vielfältigen Formen des Tanzes können sie auch nach außen hin gezeigt und so anderen mitgeteilt werden.

Eine besondere Weise des Mitteilens ist das Aufschreiben von Erfahrungen. Wir können so langsam in Worte fassen, was wir erlebt haben. Beim Formulieren können wir uns klarer werden über unsere Gefühle und Gedanken. Das vorher Unfassbare versuchen wir in Begriffen zu benennen. In Sätzen schaffen wir Verbindungen und neue Zuordnungen. Manches kann dann auch unvollendet stehen bleiben, weil es sich aller Einordnung entzieht. Auch bei Dichtern wie Franz Kafka und Rainer Maria Rilke finden sich Fragmente.

Die Aufzeichnungen können bei Trauernden je nach Stimmung und Zielrichtung ganz verschiedene Formen annehmen: lose Notizen auf einem Zettel, Tagebücher mit mehr oder weniger regelmäßigen Eintragungen, Briefe bzw. Emails an Angehörige und Freunde, Briefe an die Verstorbenen, Beiträge in den verschiedenen Foren des Internets oder andere Veröffentlichungen, die viele noch unbekannte Menschen erreichen und neue Kontakte ermöglichen können. Solches Schreiben hat oft befreiende und heilende Wirkung. So wurden für die Behandlung von Trauma-Patienten an der Universität in Konstanz Methoden entwickelt, bei denen das Verfassen des Berichtes über die erlittenen schweren Verletzungen ein zentrales Element der Therapie bildet (vgl. Gast et al. 2009, S. 26 f.).

Von einer berührenden Art der Trauerarbeit durch Aufzeichnungen in Afrika hat Henning Mankell berichtet: Mütter in Uganda, die schwer an AIDS erkrankt waren, hatten die Anregung erhalten, ein »Erinnerungsbuch« für ihre Kinder zu schreiben (Mankell 2006). Darin konnten die Frauen vor ihrem Tod in ihrer Trauer um den Verlust ihres Lebens ihre Gefühle und Erfahrungen zum Ausdruck bringen. So konnten sie ihren Abschied aus ihrer Welt bewusst gestalten. Gleichzeitig überlieferten sie ihren Kindern Geschichten ihres Lebens. Sie machten sie auch mit den Riten und Symbolen, mit kulturellen wie religiösen Traditionen vertraut, die ihrer Familie auch nach ihrem Tod Halt, Orientierung und Ermutigung geben können. In solchem Erinnerungsbuch stehen nicht nur Sätze und Worte, auch Bilder und Symbole befinden sich darin. So wurden zum Beispiel Vogelfedern und auch Heilpflanzen hineingelegt. Das Anschauen und

Lesen dieses Buches kann die trauernden Kinder unterstützen, ihre Mütter in Erinnerung zu behalten und durch ihre Überlieferungen einen eigenen Weg durch die Trauer zu finden.

In vielen Religionen und Kulturen wurden Erfahrungen von schweren Verlusten aus zwei Gründen aufgezeichnet: Einmal sollte dadurch eigene Trauer bearbeitet werden, zum anderen sollten sich die Leser dieser Texte in solchen Geschichten wiederfinden können und selbst Anregungen zum Umgang mit ihrer Trauer erhalten. Im Christentum geschieht das in den Geschichten von der Passion, dem Tod und der Auferstehung Jesu. Im Islam bietet die Geschichte von Jesu Geburt Möglichkeiten, sich mit dem eigenen Schmerz in Maria wiederzufinden, die in Verlassenheit und Krise ihr Kind zur Welt bringt (vgl. S. 132 f.). Solches Mitteilen von Schmerzen kann bei Trauernden, die mit der jeweiligen Tradition vertraut sind, folgende Wirkungen auslösen Einmal können sie erkennen, dass sie sich selbst in einer ähnlichen Situation der Krise befinden; zum anderen können sie Glauben schöpfen, in dieser Krise geborgen zu sein.

In so vielfältigen Weisen das Mitteilen geschehen mag, es bietet Möglichkeiten, die Prozesse in der Trauer zu fördern. Wie aber verlaufen diese Prozesse? Welche Strukturen haben sie?

4. Prozesse in der Trauer

4.1. Modelle für Prozesse

In der Trauerforschung der letzten vier Jahrzehnte wurden Modelle entwickelt, um Trauerprozesse zu beschreiben und zu erfassen, und zwar zunächst das Phasen-Modell und das Aufgaben-Modell. In der Gegenwart wird vielfach das Duale-Prozess-Modell in der Trauerforschung aufgenommen und der Therapie bei Störungen zugrunde gelegt. Dieses Modell entspricht am ehesten unseren Erfahrungen und unserem Verständnis. Unter Einbeziehung neurobiologischer Erkenntnisse schlagen wir eine Erweiterung vor, die wir hier als »Spielraum-Modell« vorstellen.

Das Phasen-Modell
Das Phasen-Modell beim Trauern entstand in Anlehnung an die Phasen, die die Ärztin Elisabeth Kübler-Ross bei Sterbenden entdeckte, nämlich Nicht-wahrhaben-Wollen, Zorn, Verhandeln und Akzeptanz. Weitreichender ist die Aufgliederung bei der Psychologin Verena Kast mit folgenden vier Phasen:
→ Nicht-wahrhaben-Wollen
→ Aufbrechende Emotionen
→ Suchen und Finden
→ Neuer Selbst- und Weltbezug

An dem Phasen-Modell insgesamt wird aus folgenden Gründen Kritik geübt (vgl. dazu Lammer 2004, S. 198 ff.):

Die in den einzelnen Phasen genannten Phänomene sind Elemente, die in jeder Zeit des Trauerprozesses auftreten und oft auch wiederkehren können.

Die lineare Darstellung des Prozesses kann dazu führen, das Verhalten eines Trauernden von der Phase her einzuschätzen, in der er sich angeblich befindet. Das kann die unmittelbare Begegnung mit Trauernden erschweren.

Das Phasen-Modell kann den Anschein erwecken, als folgten die jeweiligen Phasen ganz von selbst aufeinander, ohne dass die Trauernden aktiv beteiligt sind. Es hat sich jedoch gezeigt, dass es gerade bei Gefühlen von Hilflosigkeit sehr wichtig ist, den eigenen Weg selbst zu gestalten.

Das Aufgaben-Modell

Das Aufgaben-Modell hingegen will die Trauernden in ihrem Prozess fördern, dass sie ihre eigenen Kräfte und Möglichkeiten mobilisieren und mit den vielfältigen Gefühlen umzugehen lernen. Der Psychologie-Professor und Psychiater William Worden nennt vier Aufgaben (Worden 2011, S. 45 f.):

→ Den Verlust als Realität akzeptieren
→ Den Schmerz verarbeiten
→ Sich an eine Welt ohne die verstorbene Person anpassen
→ Eine dauerhafte Verbindung zu der verstorbenen Person inmitten des Aufbruchs in ein neues Leben finden

Ein entsprechendes Modell mit ebenfalls vier Aufgaben wurde auch für Begleitende von Trauernden entwickelt. Die Frage stellt sich, von welchem Verständnis her die Normen und Ziele gesetzt werden, die zu diesen Aufgaben führen. Problematisch erscheint uns vor allem die erste Aufgabe. Sie steht nach diesem Konzept am Anfang des Trauerprozesses. Die Krankenhauspastorin und Seelsorge-Dozentin Kerstin Lammer tritt dafür ein, dass Trauernde unmittelbar nach dem Sterben des nahen Menschen »den Tod realisieren«. Nach ihrer Auffassung kann dieses Wahrnehmen und Annehmen des Todes am ehesten und besten unmittelbar am Sterbe- oder Totenbett in Gang gesetzt werden: Angehörige können dort den Tod im Wortsinn »be-greifen«:

In dem Kapitel »Reaktionen auf den Verlust« stellten wir dar, was für unterschiedliche Auswirkungen der Tod auf die Angehörigen hat:

Da kann es zur Flucht oder zur Aggression oder zur Panik kommen, dann wieder zur Betäubung und Ablenkung, dann wieder zu äußerstem Stress und danach wieder zur Entspannung; plötzlich treten wieder Schmerzen auf. Auch gerade in der Zeit unmittelbar nach dem Verlust können sich so unterschiedliche Reaktionen zeigen. Manche Menschen brauchen zunächst Schutz vor einer vollständigen Realisierung des Todes, die sie überschwemmen und überfordern würde. Diesen Schutz gewährt der Körper unbewusst ganz von selbst; dann wieder zeigt er durch Schmerzen, dass es an der Zeit ist, sich mit der Wirklichkeit des Verlustes auseinanderzusetzen. Jeder Mensch hat einen anderen Trauerprozess und innerhalb des Prozesses gibt es teilweise einander widerstrebende Kräfte und Bewegungen, Erregungen und Hemmungen, Spannungen und Entspannung. Manche Trauernde sagen: »*Ich fühle mich hin- und hergerissen.*« Die Grenze des Aufgabenmodells liegt in der Gefahr, die Vielfalt solcher Prozesse zu vereinheitlichen und zu systematisieren. In der 4. Auflage seines Buches von 2011 (Erstauflage bereits 1982) setzt sich W. Worden deutlich dafür ein, die Betroffenen nicht »in allzu starre Muster zu pressen« (a. a. O., S. 60). Insgesamt stellt er fest: »Was wir brauchen, ist eine Theorie, die für Flexibilität Raum lässt.« (a. a. O., S. 60)

Das Duale-Prozess-Modell

Das Duale-Prozess-Modell wurde zuerst in den Niederlanden an der Universität Utrecht von M. Ströbe und H. Schut entwickelt und 1999 veröffentlicht (M. Ströbe u. H. Schut 1999). Diesem Modell zufolge ist es für die Trauernden eine Erfahrung täglichen Lebens, dass sie zwischen den beiden Seiten Verlust-Orientierung und Neu-Orientierung hin und her pendeln (oscillation). Auf der einen Seite geht es um die Trauerarbeit, mit dem Verlust des nahen Menschen umzugehen. Auf der anderen Seite werden neue Möglichkeiten probiert; neue Rollen und Beziehungen werden aufgenommen (a. a. O., S. 276). In dem ständigen Schwingen von der einen Seite zur anderen vollzieht sich die »Trauer-Bewältigung« (coping). B. Wagner beschreibt dieses Modell (Wagner 2013, S. 8) und sieht in ihm »die Grundlage für die kognitive Verhaltenstherapie für komplizierte Trauer« (a. a. O., S. 91). In dem Prozess der Trauer geht es dabei nicht nur um die Loslösung von der verstorbenen Person, sondern auch um »die Integration dieser Person in das Leben« des Trauernden. G. A. Bonanno bezieht sich in seinem Buch »Die andere Seite der Trauer« auf dieses duale Modell (Bonanno 2012, siehe dazu auch S. 93 in diesem Buch).

Das Spielraum-Modell

In unserem Buch möchten wir eine Sichtweise vorstellen, die wir das Spielraum-Modell nennen. Dieses Modell gibt Raum für unterschiedliche Reaktionsweisen verschiedener Menschen sowie für die vielfältigen Erfahrungen Trauernder und Begleitender. Es bietet somit die notwendige Flexibilität. Auch kann es neurobiologische Erkenntnisse einbeziehen: Die plastische Neuanpassung wird als koordiniertes Zusammenspiel von Nervennetzen beschrieben, in denen es zu Aktivierungen, Hemmungen und Rückkoppelungen kommt. Das Wechselspiel von Schmerz und Erleichterung mit »negativen« und auch mit »positiven« Emotionen kann in diesem Modell einsichtig werden.

Durch den Tod des vertrauten Menschen ist den Trauernden der gewohnte Spielraum, in dem sie sich bewegen und orientieren konnten, weitgehend entzogen: »*Nichts geht mehr richtig. Ich habe keinen festen Boden mehr unter den Füßen.*« Doch schützt der Körper selbst vor dem Zusammenbruch. Er mobilisiert nicht nur zu Kampf oder Flucht, er schüttet auch körpereigene Betäubungsmittel (Opioide u. a.) aus, um die Situation erträglich zu machen. Weiterhin kommt es zu einem Zusammenspiel vom Anspannungssystem (Sympathikus) und Entspannungssystem (Parasympathicus), um so in schwerer Krise einen Ausgleich zu schaffen und Leben zu bewahren. Durch Rückkoppelungen wird übermäßige Erregung wieder heruntergefahren. Bei sehr schweren seelischen Verletzungen kann das Geschehen in Gedächtnisspuren so abgekapselt werden (2. Ebene des Gehirns), dass es zunächst der bewussten Erinnerung (3. Ebene des Gehirns) nicht zugänglich ist (vgl. S. 48 f.). Trotzdem bleibt das schreckliche Ereignis durch Blockierungen, Verkrampfungen, Spannungen und Schmerzen im Körper fühlbar.

Trauer ermöglicht es, dass es in dem Spielraum langsam zu Lösungen kommt. Das geschieht dadurch, dass die Verlusterfahrungen immer wieder in Erinnerung kommen, durchgespielt und bearbeitet werden. Was vorher erstarrt war, kann wieder ins Fließen kommen. Das verläuft nicht in einer linearen Abfolge, sondern immer wieder in Rückkehr (Regression), Bearbeitung, Erholung, Aufbrechen von neuem Schmerz, Kontrolle, Ablenkung und so fort.

Bei dem Spielraum-Modell finden sich Entsprechungen zu Aussagen in dem bereits 1914 geschriebenen Aufsatz von Sigmund Freud »Erinnern, Wiederholen und Durcharbeiten«. Doch Trauer ist nicht nur »Arbeit«, wie es in Bezug auf Freud oft heißt. Trauer bietet auch Zeiten der Erholung und Entspannung, neben Schmerzen auch Erleichterung und tiefe Freude; oft können beide Seiten der Trauer unmittelbar ineinander übergehen. In dem Spielraum entfalten sich Kräfte der Neuanpassung und der Selbstheilung. Ist in einer erschwerten Trauer der Spielraum langfristig unerträglich eingeschränkt oder gänzlich blockiert, bedarf es allerdings einer fachlichen Begleitung bzw. Behandlung, damit der Spielraum eröffnet wird.

Im heilsamen Trauerprozess kommt es zu einem Wechselspiel von Vermeidung und Auseinandersetzung, von Spannung und Entspannung, von Verwirrung und Orientierung. Wie Trauerprozesse sich in solchem Spielraum abspielen, wollen wir in den nächsten drei Abschnitten darstellen.

4.2. Wechselspiel von Vermeidung und Auseinandersetzung

Viele Trauernde vermeiden es zeitweise, sich mit dem schweren Verlust auseinanderzusetzen. Es gibt viele Möglichkeiten, sich abzulenken und an anderes zu denken. Es kann Tage geben, wo der schwere Verlust gar nicht mehr so schmerzlich bewusst ist. Solche Vermeidung hat oft die Funktion, sich vor zu großer Erregung und Überflutung mit Gefühlen zu schützen. Doch auf längere Sicht wird deutlich, dass das Erlebnis des Verlustes noch einer Bearbeitung bedarf. Häufig geschieht das gerade dann, wenn Trauernde meinen, »eigentlich« doch schon ganz gut mit ihrer Situation zurechtzukommen. Seele und Körper geben plötzlich Signale, dass etwas nicht stimmt. Trauernde sagen dann:

➔ »*In meiner Kehle sitzt etwas fest, was noch heraus muss.*«
➔ »*Mein Rücken drückt so. Das ist wie eine schwere Last, die ich noch ablegen muss.*«
➔ »*Ich habe etwas auf dem Herzen, das immer wieder sticht und schmerzt. Ich muss es noch loswerden.*«
➔ »*Bei mir liegt was quer im Magen. Ich habe noch eine ganze Menge zu verdauen.*«
➔ »*Meine Beine tun so weh. So geht es nicht weiter.*«

Entsprechend kann die Seele darauf aufmerksam machen, dass es notwendig ist, sich wieder mit dem Tod des vertrauten Menschen auseinanderzusetzen. Die Sirene eines Krankenwagens lässt plötzlich den schrecklichen Unfall von damals wieder Gegenwart werden und erinnert an den Verlust. Oder plötzliche Bilder von den letzten Stunden des Sterbens im Hospiz kehren wieder. Oder mitten in der Nacht schrecken Träume auf. Das kann auch in Situationen geschehen, wo alles schon so gut bewältigt zu sein schien.

▶▶ Eine Witwe hatte ein großes Familienfest im Freien gefeiert. Sie hatte das Gefühl, ihr Mann hatte vom Himmel her daran teilgenommen und sich über alles von Herzen gefreut. Nach einigen Wochen erzählte sie: »*Gestern Nacht hatte ich einen Traum, der mich sehr bewegt hat. Auf einer Nebenstraße war es zu einem Unfall gekommen. Glasscherben lagen herum. Jenseits dieser Scherben stand mein Mann. Er war verwundet. Er hielt seine Hand hoch, als wollte er mir ein Zeichen geben. Ich kam nicht mehr zu ihm hin. Dieser Traum hat mich noch lange beschäftigt.*« Wir sprachen darüber, was das wohl für ein Zeichen sein könnte. Sie vermutete: »*Vielleicht wollte mein verstorbener Mann mich darauf aufmerksam machen, dass ich den Abschied noch ernster nehme.*

Da ist tatsächlich etwas zerbrochen, und die Grenze zum Jenseits kann ich nicht einfach überschreiten. Ich muss darüber noch mehr nachdenken.« Hier hat der Traum die notwendige Auseinandersetzung mit dem Tod und Verlust angeregt.

Häufig kommt es vor, dass der Schmerz zunächst im Körper festsitzt. Durch ein Gespräch kann er sich dort lösen; umso heftiger wird er dann oft in der Seele empfunden. Er kann so zum Ausdruck kommen und einem vertrauten Menschen mitgeteilt werden. Oft kann das entlasten und erleichtern; in solcher Trauer können auch andere Gefühle wie Dankbarkeit für die gemeinsame Lebenszeit und Freude über neue Gemeinschaft wieder Raum gewinnen.

Viele Trauernde erleben Zeiten, in denen sie spüren, dass ihre gewohnten Verhaltensmuster nicht mehr geeignet sind, den neuen Lebensabschnitt zu gestalten. Vieles in ihnen drängt auf Veränderung, doch noch wollen sie bei dem bleiben, was ihnen vertraut ist. Sie merken, dass Schmerzen zunehmen, doch noch wollen sie sich ablenken und die Erfahrung einer Krise vermeiden. Dann aber spüren sie: Auf diesem Weg geht es nicht weiter. Sie wollen die Schmerzen nicht mehr wegschieben, sondern sich aussprechen und endlich das loswerden, was sie bedrückt. Ein Vater, dessen Sohn gestorben war, erzählte: »*Erst hatte ich Angst vor dem Treffen mit meinem Freund. Aber als ich dann begann, von meinem Leid offen zu reden, da brach das alles aus mir heraus. Ich konnte mich nicht mehr halten und weinte mich aus. Es tat unendlich weh, aber ich wurde es los. In der Aussprache konnte ich Dinge erkennen, die ich vorher noch nicht so gesehen hatte. Ich war nachher erleichtert. Ich fühlte mich fast wie neu geboren.*« Solcher Durchgang durch den Schmerzpunkt gleicht tatsächlich in manchem dem Vorgang einer Geburt. Es entsteht zunächst eine kaum aushaltbare Enge, dann eröffnet sich ein weiter Raum, in dem neue Wege möglich sind. Ein Schwingen nach vorn und nach hinten, nach links und nach rechts und wieder nach links kann sich entfalten.

In neurobiologischer Forschung wird erkundet, wie solche Wandlungen geschehen können: Im Wiedererleben von schwerer Verlusterfahrung, wie es hier im Gespräch mit einem Freund geschieht, werden die bereits gefestigten und abgekapselten Gedächtnisspuren in der 2. Ebene des Gehirns wieder plastisch und formbar. In einer einfühlsamen Atmosphäre, in der kein neuer Stress entsteht, können diese Spuren umgewandelt werden. Es kommt also im Gehirn zu einem biologisch beschreibbaren Vorgang, der der »Auseinandersetzung« in der Seele entspricht: Schon festgefügte Muster geraten »auseinander«, neue Strukturen bilden sich aus. Bei diesem Prozess ist allerdings eine umfassende Beteiligung von Regionen in der 3. Ebene des Gehirns (Denken, Planen, Handeln) notwendig: Das zuvor verdrängte Erlebnis kann wieder bewusst erinnert werden (Rüegg 2007, S. 123 ff.). Die vorher abgespaltene und abgekapselte Erfahrung kann wieder in den Lebenszusammenhang einbezogen werden.

In solcher Auseinandersetzung kann die eigene Lebensgeschichte neu verstanden werden; dabei kann auch die Beziehungsgeschichte mit dem verstorbenen Menschen in ihren lichten und dunklen Seiten in den Blick kommen. Verschmelzungen und Verflechtungen können sich lösen. So können Wege zu einer selbstbewussten und eigenständigen Gestaltung gebahnt und verstärkt werden.

Durch die Durcharbeitung der Verlusterfahrung wird wieder ein Spielraum eröffnet, in dem neue Verbindungen und Beziehungen entstehen können. Doch kann es geschehen, dass mit der Zeit weitere alte verfestigte Muster umgewandelt werden müssen und mehrfach ein Durchgang durch Schmerzen notwendig ist. Dann aber wiederholt sich nicht das immer Gleiche; an der neuen Verwandlung sind wieder andere Areale und Verflechtungen beteiligt. So kann der Trauerprozess oft die Figur einer Spirale annehmen. Wir kommen dann nach einiger Zeit auf eine bestimmte Auseinandersetzung zurück, sie liegt aber jetzt – tiefer oder höher – in einer anderen Schicht unserer Emotionen und unseres Bewusstseins.

Wie der Spielraum sich öffnen und im Schwingen, Pendeln und Schweben sich immer wieder neu entfalten kann, lässt sich gut an dem Symbol des Mobiles zeigen. Verwaiste Eltern hatten solch ein

Mobile gebastelt und in den Raum gehängt, in dem sie sich alle zwei Wochen zu Begegnung und Gespräch treffen. In dem Mobile sind die verschiedenen Gefühle in verschiedenen Farben symbolisch dargestellt, ähnlich auch unterschiedliche Tätigkeitsfelder und Entspannungsmöglichkeiten. Die einzelnen Gegenstände und Bilder hängen an Fäden so herab, dass sie jeweils in Balance zu den anderen schweben und genügend Spielraum haben. Ein sanfter Wind kann alles gut in Bewegung und fließendem Gleichgewicht halten. Kommt aber ein starker Windzug plötzlich durch das Fenster, können sich Fäden und Gegenstände verketten und verhaken. Vielleicht hängt dann ein Gegenstand, der ein bestimmtes Gefühl wie z.b. Sorge oder ein bestimmtes Tätigkeitsfeld wie z.b. Berufsarbeit kennzeichnet, tief nach unten. Erst wenn die festgezurrten Teile »auseinandergesetzt« werden und die verketteten Verbindungen gelockert und entknotet werden, kann das Mobile mit allen Teilen wieder frei schwingen.

Im Trauerprozess kommt es darauf an, die Abkapselungen, Verhakungen und Verkettungen mit der Zeit langsam zu lösen. Dann kann es immer wieder zu einer guten Balance kommen.

4.3. Anspannung und Entspannung

Für Trauernde wirkt es sich günstig aus, wenn sie sich den Prozessen in der Trauer nicht total ausgeliefert fühlen, sondern sie zumindest teilweise von Zeit zu Zeit beeinflussen und gestalten können. Das wird in besonderer Weise durch Entspannung möglich. Wir sahen bereits, wie es bei übermäßigem Stress durch Rückkoppelungsprozesse zum Ausgleich kommen kann, auch sorgt das Entspannungssystem (Parasympathikus) bei zu starker Erregung für Balance. Das geschieht weitgehend unbewusst. Wir können jedoch auch ganz bewusst dafür sorgen, dass der extreme Stress, wie er sich oft bei schweren Verlusterfahrungen zeigt, heruntergefahren wird.

Solch bewusste Entspannung kann auf verschiedenen Wegen erreicht werden. Manchmal wird schon eine Wirkung erzielt, wenn wir ständig neuen Anforderungen und Reizen ein »Stopp« entgegensetzen, tief ausatmen und uns dann eine Zeit weiter auf solches Ausatmen konzentrieren.

Von den verschiedenen Entspannungstrainings mit regelmäßig wiederkehrenden Übungen hat sich das »autogene Training« besonders bewährt. Hierbei wird die Aufmerksamkeit von den vielen stressenden Reizen bewusst weggelenkt; die Augen werden geschlossen; die Konzentration richtet sich auf das Empfinden von Schwere durch die Muskelentspannung, auf die Wärme durch die erhöhte Durchblutung der Gefäße sowie auf ruhigen Atem und ruhigen Herzschlag.

Beim Übergang vom gewohnten Wachen am Tag in den Schlaf kommt es zu einem »Umschaltvorgang« in Körper und Seele. Bei Methoden wie dem Autogenen Training wird dieses Umschalten auf halbem Wege in der Schwebe belassen. Wir sind dann weder normal wach noch schlafen wir ein, sondern befinden uns auf einer Gratwanderung zwischen diesen Polen, zwischen dem gewohnten Wachen und dem Schlafen. In diesem Zustand der Entspannung können wir unsere Aufmerksamkeit bewusst auf bestimmte Vorstellungen lenken. Viele Gedanken, Ideen, Tagträume fallen uns ein. Wir können sie vorüberziehen lassen und uns auf die Bilder und Symbole konzentrieren, die uns guttun. Auch können wir dabei wichtige Verhaltensziele wie z.B. größere Gelassenheit durch ständiges Wiederholen von Bildern und Worten so tief in uns einprägen, dass dadurch Bahnungen und Wege in uns nachhaltig verändert werden: *»Vorher geriet ich in meiner Trauer oft in Hektik, und ich dachte mir, allein schaffe ich das alles nie. Dann aber sagte ich mir immer wieder: Ich lasse mir Zeit. Langsam wurde ich immer ruhiger und kann das angehen, was jetzt notwendig ist.«* Nach solcher Entspannung ist darauf zu achten, dass es zu einem geregelten, langsamen Übergang in den normalen Wachzustand kommt.

Meditationen und meditatives Beten können im Körper ähnliche Wirkungen auslösen wie Methoden des autogenen Trainings. Wir wiesen bereits darauf hin, dass bei buddhistischen Mönchen in der

Meditation wie auch bei christlichen Nonnen im Gebet eine erhöhte Aktivierung im Aufmerksamkeitszentrum erfolgt (3. Ebene des Gehirns, vgl. S. 35). Durch die Konzentration in Meditationen und Gebeten kann es zur Beruhigung in der 2. Ebene des Gehirns und somit auch im ganzen Körper kommen.

Aufschlussreich sind die Hirnströme mit den unterschiedlichen Schwingungen. Sie können durch von außen auf den Kopf gesetzte Elektroden erfasst und kontinuierlich aufgezeichnet werden. Im Alltagsgeschehen kommt es zu Beta-Wellen mit 13–30 Hertz, d.h. Schwingungen in der Sekunde. Entspannen wir uns, sinkt die Häufigkeit der Schwingungen zunächst meist auf 8–12 Hz. Im Schlaf werden die Wellen noch langsamer und gehen auf 1–7 Hz zurück.

Nun wurde bei buddhistischen Mönchen, die in tibetischer Tradition regelmäßig meditieren, während der Konzentration eine viel höhere Frequenz im Bereich von 25 bis 42 Hz gemessen. Sie breitete sich auf große Bereiche des Gehirns aus, sodass kontinuierlich ein gleichzeitiges Schwingen beobachtet wurde. Das Zusammenspiel der Neuronen wurde dadurch noch mehr aufeinander abgestimmt, gleichzeitig kam es zu einer höheren Aktivierung. Das gelang durch die längere Konzentration auf einen bestimmten Inhalt, z. B. »Mitgefühl«. Dadurch wurden Bewusstsein und Haltung auf dieses Mitgefühl ausgerichtet (vgl. dazu Schnabel [2008] S. 241 f.).

Diese Weise konzentrierten Meditierens kann über die Entspannung hinaus bewirken, dass mehr und mehr eine bewusste Steuerung von Emotionen erreicht wird. Es gelingt dann besser, die unterschiedlichen Stimmungen wahrzunehmen und voneinander zu unterscheiden. Ich bin dann nicht gleichgesetzt mit Angst, Wut und Zorn, sondern ich »habe« Angst, Wut und Zorn. So kann ich besser mit diesen Emotionen umgehen und erhalte mehr Spielraum.

In der Trauer kann auch schon einfache, regelmäßige Entspannung dazu beitragen, dass übermäßiger Stress abgebaut wird und in der Krise trotz Schwankungen mehr Balance bewirkt. Das stärkt das Immunsystem und gibt Heilkräfte für innere und äußere Wunden. Auch wird es bei solcher Entspannung leichter möglich, den notwendigen Schlaf zu finden. Der Schlaf bietet nicht nur die Erholung von all den Anspannungen des Tages, sondern er ermöglicht es, dass es zur Bearbeitung von den Erfahrungen und Lernprozessen des Tages kommt: Besonders in bestimmten Phasen, in denen sich eine hohe Aktivierung an schnellen Augenbewegungen zeigt, geschieht solche Sortierung: Wichtiges wird vom Unwichtigen getrennt, neue Gedächtnisspuren werden eingeordnet und in bestehende Netzwerke einbezogen, manche Muster verändern und erweitern sich. Das erfolgt im wiederholten Durchspielen, bis auch wichtige, noch schwer fassbare Erlebnisse als Gedächtnisspuren in Areale aufgenommen werden. Nach so harter Arbeit fühlen wir uns beim Aufwachen manchmal geschlaucht und ausgelaugt, doch haben wir im Schlaf mehr Balance und Spielraum gewinnen können als in schlaflosen Nächten.

Die Prozesse im Schlaf bleiben uns meist unbewusst. Wir erleben in verschiedenen Phasen des Schlafs viele Träume, in denen das Tagesgeschehen bearbeitet wird; doch nur selten können wir uns beim Aufwachen an sie erinnern. Fallen sie uns wieder ein oder schrecken sie uns auf, dann spüren wir, dass sie sich uns nicht in klarer logischer Sprache ansprechen, sondern dass sie sich uns mitteilen in Bildern, Symbolen und Landschaften. Das ist die Sprache der Seele, mit der wir uns in der Trauer meist besser und angemessener verständigen können (vgl. S. 59 ff.). Träume geben uns vielfältige Räume; mal geraten wir in die Enge voller Anspannung, dann gelangen wir wieder in die Weite. In den einzelnen Personen und Figuren des Traums können wir Teile unseres Ichs entdecken, die wir längst abgespalten haben, die uns aber in Traumerinnerungen wieder bewusst werden. Manchmal verwirren uns solche Träume. Wenn wir ihnen nachsinnen und sie anderen erzählen, können sie uns zu neuen Einsichten führen und uns Orientierung geben.

4.4. Verwirrung und Orientierung

Durch den Verlust des vertrauten Menschen wird dem Trauernden die bisherige Welt oft fremd. Eine Witwe sagte: »*Das ist wie eine Geisterbahn, auf der ich hin und her geschüttelt und gerüttelt werde. Da geht es auf und ab, dann wieder kommt eine harte Kurve und ich weiß nicht wohin.*« Das gewohnte Koordinatensystem, das bisher durch die Beziehung zu ihrem Mann bestimmt war, besteht so nicht mehr weiter.

Gleichzeitig kommt hinzu, dass das Zentrum für Orientierung und bewusstes Gedächtnis in der Zeit akuter Trauer seine Funktionen nur eingeschränkt wahrnimmt (vgl. 2.3.). Umso wichtiger ist es, dass Trauernde in solcher Verwirrung wieder langsam Orientierung in Raum und Zeit finden.

Eine besondere Bedeutung können in der Trauerzeit die Räume der Religion gewinnen, der die Trauernden jeweils angehören. In diesen Räumen besteht eine klare Struktur; Symbole und Rituale haben darin ihren Ort. Dies alles ist den Angehörigen der jeweiligen Religion oft von Kindheit an vertraut und kann sich in der Krisensituation als heilsam und heilend erweisen. Eine Witwe erzählte von ihren Reisen, die sie jetzt allein ohne ihren Mann unternahm: »*Unterwegs wusste ich gar nicht, wohin ich mit meiner Trauer gehen konnte. Wunderbar, dass dann manche Kirchen offen sind. Ich gehe hinein, zünde dort ein Licht an und komme zur Besinnung.*« Der ihr vertraute Raum der Kirche bietet Geborgenheit, sie kann sich darin zurechtfinden. Durch das Anzünden der Kerze kann sie diesen Raum auch mitgestalten und auf ihre Weise erhellen. Dabei ist die Kerze ein Symbol und kann auf ein Licht hinweisen, das auch über den Tod hinaus Wärme und Orientierung geben kann.

Kirchen sind von West nach Ost ausgerichtet: Der Weg führt in der Regel vom Eingang durch den Raum hindurch zum Altar. Durch die Fenster im Osten kann das Sonnenlicht besonders am Morgen in die Kirche hineinscheinen. So wird »Orientierung« im Sinne von »Orient« (wörtlich: aufgehende Sonne) möglich. Der Weg hin zu solchem Licht führt durch Schmerz und Trauer hindurch. Das wird an dem

Kreuz Jesu deutlich, das die Leidensgeschichte zum Ausdruck bringt, zugleich aber – oft als »Lebensbaum« – auf die Auferstehung und neue Anfänge hinweist (vgl. S. 129). Weiterhin können sich Trauernde, denen christliche Traditionen vertraut sind, mit ihrem Schmerz, aber auch mit ihrer Sehnsucht und Hoffnung in den Bildern, Figuren und Symbolen wiederfinden, die sie an bestimmten Orten in der Kirche betrachten können. Es besteht die Chance, mit viel Zeit und Ruhe in diesem Raum für sich zu meditieren, zu beten und so in der Verwirrung der Gefühle neue Orientierung zu gewinnen.

Für sunnitische wie schiitische Muslime sind Moscheen Räume, in denen sie Orientierung und Stärkung in ihrem Glauben finden, gerade auch in Zeiten der Trauer. Alle Moscheen sind mit der Gebetsnische (Mihrab) auf die Kaaba in Mekka ausgerichtet. In dieser Ausrichtung sind die Muslime in aller Welt verbunden. Damit werden die geschichtlichen Verbindungen deutlich, wie sie im Koran aufgezeichnet sind. Dort beginnen die Suren mit Bismillah (im Namen Allahs) und verweisen damit auf den einen Gott, der auch den Trauernden gegenüber barmherzig ist. In den Schwingungen eines rhythmischen Gesanges werden die Verse vorgetragen und können so Resonanz finden. Das rituelle Gebet wird mit Leib und Seele in einer bestimmten Folge von Körperhaltungen (Stehen, Verbeugen, Niederwerfen auf den Boden, Aufrichten) gemeinsam vollzogen, immer in Richtung Mekka. Das kann gerade in der Zeit der Trauer eine strukturierende, miteinander verbindende Wirkung haben. Im Bereich der Moschee in unmittelbarer Nähe zum Gebetsraum befinden sich Räume für Begegnung und Geselligkeit. Dort besteht für Trauernde die Möglichkeit, nach dem Gebet über ihre persönliche und soziale Situation zu sprechen und Gemeinschaft zu finden.

Das Labyrinth ist ein besonderer Raum aus sehr alter Zeit, der vielen Religionen gemeinsam ist und heute für manche Trauernde eine zunehmende Bedeutung gewinnt (vgl. dazu E. C. Markert in: Gast et al. 2009, S. 204 ff.). Der Weg führt in vielen Windungen und oft unerwarteten Wendungen schließlich in die Mitte. Unterwegs scheint diese Mitte ganz nahe zu sein, doch plötzlich macht der Weg eine Biegung bis an den äußeren Rand, und die Mitte erscheint wieder so fern. Trauernde können sich hier mit ihren eigenen Erfahrungen wiederfinden. Wer den weiteren Bahnungen folgt, gelangt in scheinbar aussichtsloser Lage doch in das Zentrum. Hier allerdings geht es nicht weiter, eine Umkehr wird notwendig. In dieser Mitte geht es um die Erfahrung von Tod und Wiedergeburt, von Ende und neuem Anfang. Der Rückweg kann in einem neuen Bewusstsein geschehen – mit all diesen neuen Erfahrungen von Verwirrung und Lösung wieder zurück in das Leben zu gelangen. Das Labyrinth kann so als Symbol für den Trauerweg verstanden werden, der in Schwingungen und Pendelbewegungen durch Krisen und tiefen Schmerz hindurch zu einem Anfang führt. So werden Labyrinthe angelegt, die dann von einzelnen Trauernden sowie von manchen Trauergruppen immer wieder durchgangen werden. Das kann dazu beitragen, Verwirrungen wahrzunehmen, sie zu durchschreiten und so zu neuen Orientierungen zu kommen.

In den Verwirrungen der Trauer bedarf es der Orientierung nicht nur im Raum, sondern auch in der Zeit. Auf die Gestaltung der Zeiten an den einzelnen Tagen, in den Wochen und in Jahren werden wir in Kapitel 6 eingehen.

4.5. Begleitung in dem Spielraum

Viele Trauernde suchen einfühlsame Menschen, die sie in der schweren Zeit ihrer Trauer eine Strecke des Weges begleiten. Doch für alle, die solche Aufgaben wahrnehmen möchten, zeigen sich zunächst folgende Grenzen:
- Begleitende können in der zentralen Frage nicht wirklich »helfen« und auch nicht »trösten«: Der erste Wunsch der Trauernden besteht ja darin, dass der schreckliche Verlust rückgängig gemacht wird und der Verstorbene wieder in das Leben zurückkehrt. Den Begleitenden bleibt nur, ihre eigene Ohnmacht einzugestehen.
- Trauernde suchen nach einem Sinn des Verlustes. Sie stellen die Frage nach dem Warum. Doch diese Frage lässt sich nicht be-

antworten. Rationale Erklärungen treffen nicht die Ebene des Schmerzes, der die Trauernden quält. In der Begleitung ist es schwer, die Frage auszuhalten, ohne sie zu beantworten. Aber nur so kann die »Prüfung« bestanden werden (vgl. S. 67 f.).

→ Begleitende können Trauernden den Schmerz nicht nehmen. Der Schmerz ist ein Zeichen für die Bedeutung, die die Beziehung zum Verstorbenen gehabt hat; oft ist er ein Ausdruck von Liebe. Zugleich führt der Schmerz zur achtsamen Wahrnehmung. In ihm liegt auch die Kraft, notwendige Wandlungsprozesse einzuleiten.

→ Begleitende können Trauernden oft nicht in dem schnellen Wechsel vielfach widersprüchlicher Trauerreaktionen folgen und sie schon gar nicht immer »verstehen«.

→ Begleitende möchten Trauernden oft in ihrer Not helfen. Doch dann besteht die Gefahr, dass Trauernde in ihrer Abhängigkeit bestärkt werden und es schwerer haben, einen eigenen, selbstständigen Weg durch die Trauer zu finden.

Gerade mit diesen Grenzen hat für viele Trauernde die Begleitung eine sehr wichtige Bedeutung. Wie also können sich Begleitende so verhalten, dass es den Trauernden auf Dauer guttut?

Eine Grundhaltung hat sich in der Begleitung als wirksam und heilsam erwiesen. Sie heißt: »Ich bin da.«

→ Ich bin da und nehme die trauernde Person mit ihren Gefühlen wahr; ich achte dabei auch auf meine eigenen Gefühle. Wenn ich überschwemmt werde, schütze ich mich: Ich habe bewusst Bodenkontakt und atme in Ruhe aus.

→ Ich versuche, aktiv zuzuhören. Ich folge den Worten und Gesten, achte auf die Mimik und die gesamte Körperhaltung. Ab und zu wird mir bewusst, dass dabei Spiegelungen entstehen. Die trauernde Person fühlt sich dadurch in ihrer Situation aufgenommen, bestätigt und ermutigt.

→ Ich bin darauf eingestellt, dass bei der trauernden Person Reaktionen schnell wechseln können: mal Wut, mal Flucht, mal Sehnsucht, mal Ablenkung, mal auch Ruhe und Entspannung, dann wieder Auseinandersetzung. Ich will in der aktuellen Situation gegenwärtig sein, ohne zu schnell zu beurteilen und einzuordnen. Ich schaue: Was ist jetzt dran? Ich mache mir bewusst, dass Raum notwendig ist, um die Muster durchzuspielen und sie so in einigermaßen entspannter Atmosphäre zu bearbeiten.

→ Wenn ich spüre, dass die trauernde Person an ihren Schmerzpunkt gelangt und das zum Ausdruck bringen will, stehe ich ihr bewusst bei und ermutige sie, so weit zu gehen, wie sie selbst möchte. Häufig kommt es danach unter Tränen zu einer Lösung, oft zu einem Lächeln und gelegentlich auch zu einem befreiten Lachen miteinander.

→ Ich unterstütze die trauernde Person darin, dass sie ihre Erfahrungen und Gefühle zur Sprache bringt. Das geschieht oft in Bildern und Symbolen. Auf sie gehe ich ein, ich nehme sie auf und äußere freie Einfälle dazu; die trauernde Person ergänzt, wägt ab, führt die Gedanken weiter. In solchem Spielraum entsteht dann ein lebendiges Gespräch. Es wird ihr leichter, einzelne Ereignisse wieder in einem Zusammenhang zu sehen.

→ Ich kenne meine Grenzen. Ich kann nicht immer so da sein, wie es für Trauernde notwendig ist. Ich verhalte mich zuweilen auch anders, als ich es mir wünsche. Ich brauche oft Abstand, um Zeit und Ruhe für mich selbst zu finden.

In der Begleitung hat nicht nur das Weinen seinen Ort, sondern auch das Lachen, zu dem es oft nach Lösung von Verkrampfungen und Verhakungen kommt. In einem Gemeindezentrum ertönte durch die geschlossene Tür hindurch ein erfrischendes lautes Lachen. Besucher fragten verwundert: *»Was ist denn das für eine Gruppe?«* Die Gemeindesekretärin antwortete: *»Das ist doch unsere Trauergruppe.«* Es tut gut, wenn in der Begleitung ein Raum eröffnet wird für das Schreien, das Weinen und auch für das Lachen.

Für alle Begleitung gilt: Jede Trauer ist anders und jede Begleitung ist anders. Jede Situation braucht ihre Zeit und ihren eigenen Spielraum.

4.5. Begleitung in dem Spielraum

4.6. Beziehungen zu dem verstorbenen Menschen

Für Trauernde wirken nach dem Tod des nahen Menschen die Beziehungen weiter, die sich in der Zeit des gemeinsamen Lebens herausgebildet haben. Wir sahen, dass im Gehirn durch Spiegelungen, Bahnungen, Verflechtungen Repräsentationen (Darstellungen) entstanden sind, die zunächst weiterwirken (vgl. S. 27). Die neue Situation nach dem Verlust besteht darin, dass von außen her vonseiten des verstorbenen Menschen keine Anregungen mehr kommen, keine Verstärkungen oder Kritik, keine Bestätigungen und keine Auseinandersetzungen wie zu seinen Lebzeiten. Im Trauernden selbst laufen viele der gemeinsamen Gespräche weiter.

▶▶ *Eine Witwe erzählte kurz nach dem Tod ihres Mannes:* »*Ich habe mir ein Foto von ihm vergrößern lassen, es eingerahmt und auf den Tisch gestellt. Da ist er, fast in Lebensgröße. Ich spreche jeden Morgen mit ihm, hole mir von ihm Rat und Unterstützung. Fast sieht es so aus, dass er mich dabei anblickt und mich ermutigt. Vom Verstand her weiß ich natürlich, dass er tot ist und nicht mehr wiederkommt. Aber mein Gefühl ist anders.*«

Wie kann diese Spannung zwischen der rationalen Erkenntnis des Verlustes und gleichzeitig innerer emotionaler Beziehung ausgehalten und gestaltet werden?

Bei manchen Trauernden laufen die gebahnten Verbindungen scheinbar unverändert weiter. Weil aber das lebendige Gegenüber des Partners mit Widerspruch und Auseinandersetzung fehlt, können sich ohne Rückkoppelung ganz besondere Muster herausbilden, die für den Trauerprozess problematisch sein können. Zwei Beispiele zeigen das deutlich:

▶▶ *Eine Witwe sagte in einer Trauergruppe, dass sie dorthin möchte, wo jetzt ihr Mann sei:* »*Wir wollten doch für immer zusammen sein. So werde ich ihm bald nachfolgen.*« *Ein Witwer in dieser Gruppe fragte:* »*Und was würde denn Ihr Mann sagen, wenn Sie jetzt schon zu ihm in den Himmel* kommen?« Die Witwe dachte lange nach, dann antwortete sie: »Ach, er würde mich gleich wieder zurückschicken. Er würde mir aber auch Mut machen, hier auf dieser Erde weiterzuleben. Du schaffst das schon, das würde er mir sagen.«

Eine Mutter, die ihre achtzehnjährige Tochter verloren hatte, sagte in der Gruppe der verwaisten Eltern: »*Ich komme jetzt doch eigentlich ganz gut mit meiner Trauer zurecht. Meine Tochter ist immer um mich herum. Sie ist wie der große Schal, den ich um meine Schulter gelegt habe.*« *Ein Vater warf ein:* »*Ich kann mir das kaum vorstellen, dass deine Tochter immer wie ein Schal an dir hängen wollte.*« *Die Mutter stimmte zu:* »*Sie wollte immer ihren eigenen Weg gehen; da gab es oft Auseinandersetzungen zwischen uns. Vielleicht ist es besser, wenn ich sie jetzt ziehen lasse.*«

Beide Male wird deutlich, wie wichtig es ist, die Beziehungen zu den Verstorbenen zu bearbeiten und zu gestalten. Beide Male gelingt das nur im Mitteilen durch Anregungen von außen. Beide Male geht es darum, starke Verflechtungen und Verschmelzungen in der Beziehung zu lösen und den eigenen Weg zu finden. Das ist dann besonders schwierig, wenn die Beziehung bei Lebzeiten von Widersprüchlichkeiten geprägt war. Vielfach war sie nicht nur von Liebe erfüllt, sondern auch von Enttäuschungen und unterdrückter Wut. Das ist im inneren Dialog zu klären. Eine Witwe kam dabei zu dem Schluss: »*Jetzt weiß ich, worauf es ankommt: Ich bin ich und du bist du.*«

Eine solche Unterscheidung von Ich und Du wird leichter, wenn sie im weiten Spiel-Raum geschehen kann. Für manche Trauernden wird es viel zu eng, wenn sich in ihrer Vorstellung alles im eigenen Herzen abspielen soll; oft entstehen dabei Herzschmerzen und Herzrhythmusstörungen. Es gibt viele Bilder, die hier weiterführen. »*Für uns in der Familie ist mein Mann ein Stern geworden. Wenn wir nachts zum Himmel schauen, dann funkelt er uns zu, und wir können mit ihm sprechen.*« Der Stern ist hier zum Symbol geworden. Er ist nicht nur ein Gegenstand in der Natur, sondern weist weit über sich hinaus. Andere berichten von der Erfahrung, dass ihnen die Verstorbenen in einem Vogel oder in einem Schmetterling begegnen, aber beide lassen sich nicht festhalten, sondern fliegen wieder in die Weite.

Für viele hat es sich bewährt, sich die Verstorbenen in einem weiten Raum vorzustellen, wo sie gut aufgehoben sind. In neuerer Trauerforschung ist vom emotionalen »Verorten« (relocating) die Rede (vgl. Lammer 2004, S. 213 und Kachler 2010, S. 150 ff.). An die Stelle einer früher erhobenen Forderung: »Da musst du eben loslassen« tritt die Möglichkeit des »Dortlassens«. Oft erscheinen dafür in den Träumen Bilder und Landschaften. Eine Witwe erzählte nach zwei Jahren intensiver Trauerarbeit: »*Ich habe heute Nacht meinen Mann gesehen. Es war am See an unserem Steg. Dann stieg er in das Boot und fuhr weit hinaus. Ich habe ihm zugewinkt, bis er in der Ferne verschwand.*«

In diesem weiten Spiel-Raum kann der Dialog mit dem Verstorbenen weitergeführt werden. Manche Trauernde schreiben Briefe, einige führen Tagebücher für die Seele. Sie wollen erkunden: Was ist deine Geschichte? Was ist meine Geschichte? Was entwickelt sich neu? Dabei bilden sich mit der Zeit auch im Gehirn neue Bahnungen und Muster. Wenn eine Auseinandersetzung und Klärung erfolgt und es nicht mehr so leicht zu schwierigen Übertragungen und Verwechslungen kommt, können bei Verlust des Partners mit genügend Abstand auch neue Beziehungen aufgenommen werden.

Der innere Dialog mit dem Verstorbenen kann auch dann fortgesetzt werden; er kann sich dabei verändern und neue Gestalt annehmen. Der vorher so vertraute Mensch kann zum inneren Begleiter werden. Er kann auf Seiten und Aspekte hinweisen, die wir vorher so noch gar nicht wahrgenommen haben. Er kann im Traum wiederkehren, zu uns sprechen, uns eine Botschaft bringen und dann wieder entschwinden. So ist er wie andere Traumfiguren auch ein Teil unseres Selbst geworden und gehört zu unserer Lebensgeschichte, aber wir können ihn nicht fassen und behalten. Für manche Trauernde ist der verstorbene Mensch zu einem Engel geworden, der sich nicht festhalten lässt, dann und wann aber aus unendlicher Ferne in die Nähe kommt und erscheint. Ob ein solcher Engel tatsächlich existiert, lässt sich nicht beweisen. Doch gibt es Hinweise darauf, dass solche

Vorstellungen, Bilder und Symbole in unserem Gehirn eine erhebliche Wirkung haben. Sie können im Spiel-Raum aufrütteln und unruhig machen, sie können uns aber auch Balance geben und neue Wege eröffnen.

In den Kulturen gibt es viele unterschiedliche Vorstellungen von den Verstorbenen. In Afrika erscheinen sie als Ahnen, die beraten, schützen und die Lebensordnung bewahren. In manchen Kulturen gelten sie als Geister, die uns nach unserem Tod erwarten und geleiten. Hier aber befinden wir uns in dem Bereich des Glaubens und der Religionen (vgl. S. 120 ff.).

In der von den Naturwissenschaften bestimmten Zivilisation sind in den letzten Jahren manche Physiker und Mediziner für eine neue Sichtweise von Diesseits und Jenseits eingetreten.

Der Physikprofessor M. H. Niemz bezieht sich auf die Quantentheorie und stellt dar, wie zwei subatomare Teilchen, wenn sie einmal in Wechselwirkung gestanden haben, »sich danach nicht mehr wie zwei getrennte Objekte verhalten, selbst wenn sie räumlich sehr weit voneinander entfernt sind«. Sie werden dann als »verschränkte Teilchen« bezeichnet (Niemz 2012, S. 64). Niemz sieht in dieser Entdeckung einen Hinweis darauf, dass alles mit allem zusammenhängt. Dem Licht kommt eine besondere Bedeutung zu. Für Niemz sind im Licht alle Liebe und alles Wissen gespeichert (a. a. O., S. 109). Falls die Seele beim Sterben ins Licht eintaucht, hätte sie dann Zugriff auf diesen »gigantischen Lichtspeicher« (a. a. O., S. 97). Niemz stellt auch Erfahrungen von Nahtoderlebnissen in diesen Zusammenhang: »Es sieht aus wie beim Flug durch einen Tunnel mit einem Licht an dessen Ende. Mit ansteigender Geschwindigkeit wird das Licht heller und größer, und beim Erreichen der Lichtgeschwindigkeit verschmilzt das Objekt mit dem Licht.« (a. a. O., S. 77) »Wenn alle Seelen ins Licht eintauchen, besteht das Jenseits aus aller Liebe und allem Wissen.« (a. a. O., S. 109). In außergewöhnlichen Situationen kann dieser Lichtspeicher »angezapft« werden. Dann ist es möglich, die Liebe eines Verstorbenen zu fühlen und etwas von dessen Wissen zu lernen (a. a. O., S. 156).

Intensiv hat der niederländische Kardiologe P. van Lommel Nahtoderfahrungen untersucht und sie auf die heutige Quantenphysik und Hirnforschung bezogen. Er spricht von dem »nicht-lokalen Bewusstsein« und von der »Kontinuität des Bewusstseins nach dem körperlichen Tod« (van Lommel 2014, S. 303 ff.).

4.7. Neue Erkenntnisse zu Trauerprozessen

Besonders auf zwei Gebieten haben sich neue Erkenntnisse und Sichtweisen ergeben. Einmal in dem Bereich der Trauerforschung, zum anderen in der Neurobiologie. In der Hirnforschung zeichnet sich eine Abkehr vom »Reduktionismus« ab, der seelische und geistige Vorgänge nur auf die chemischen und physischen Vorgänge zurückführt. Es geht um eine Erweiterung, in die nicht nur das Gehirn, sondern auch die Seele und der ganze Leib, die Beziehungen zu anderen Menschen, Umwelt und Kultur einbezogen werden (vgl. Fuchs 2012 und Scheurle 2013). Es wäre sehr wünschenswert, wenn die beiden Felder Trauerforschung und Neurobiologie stärker miteinander verbunden werden (Kirscht 2014 und S. 10 dieses Buches). Wir möchten zeigen, wie fruchtbar solch ein Ansatz für Trauernde sein kann – ebenso auch für alle diejenigen, die Trauernde begleiten.

In seinem 2012 in Deutschland erschienenen Buch »Die andere Seite der Trauer« knüpft der in den USA lebende Trauerforscher G. A. Bonanno an das Duale Prozess-Modell von M. Stroebe an; danach pendeln Trauernde zwischen zwei Prozessen hin und her: Einmal geht es um die Verlusterfahrung, zum andern um die neue Gestaltung des Lebens ohne den Verstorbenen. Bonanno hält die Schwankungsbreite von negativen und positiven Gefühlen in der Trauer für »geradezu spektakulär« (a. a. O., S. 53 ff.). Er geht dabei über das Pendeln zwischen den beiden Seiten hinaus. Für ihn liegen Kummer, Lächeln und Lachen bei Hinterbliebenen sehr dicht beieinander, oft gehen sie ineinander über: Es können »sich Freude und sogar Heiterkeit in unseren Schmerz mischen« (Bonanno 2012, S. 210).

In ihrem Buch über »Komplizierte Trauer« bezieht sich die Psychotherapeutin und Professorin für Klinische Psychologie B. Wagner ebenfalls auf das Duale Prozess-Modell. In ihm sieht sie die Grundlage für die Anwendung der kognitiven Verhaltenstherapie bei Komplizierter Trauer: »Sowohl die verlustorientierten Prozesse, als auch die in die Zukunft ausgerichteten bewältigungsorientierten Prozesse, spielen hierbei eine wichtige Rolle und wechseln sich während des Trauerverarbeitungsprozesses kontinuierlich ab.« (Wagner 2013, S. 91). Inzwischen liegen Module (Bauelemente) zur Therapie bei Komplizierter Trauer vor (a. a. O., S. 97 ff.), auch gibt es Manuale (Anleitungen) zur Behandlung von Trauerstörungen (Rosner 2014).

In der empirischen Untersuchung der Hochschule Ravensburg-Weingarten von 2013 wurden Trauernde selbst direkt befragt, was in der Trauerbegleitung wirkt (Projekt TrauErleben 2013, S. 10 f.). Sie nannten folgende Faktoren: Zuhören, Akzeptanz, Austausch, Blick auf Stärken, Raum für Trauern, Wissen, Methoden (Faktoren in der Reihenfolge der angegebenen Wirksamkeit, alle haben hohen Effektwert).

In der Theorie und Praxis der Trauerbegleitung wird stärker darauf geachtet, dass die Trauernden mit ihren jeweiligen Erfahrungen im Zentrum stehen (Mucksch 2015). Die Auffassung, dass Trauerprozesse in einer Abfolge von bestimmten Phasen verlaufen, gilt demgegenüber als überholt. Für ein Verständnis, das offen für die jeweilige Situation von Trauernden ist, wurden verschiedene Modelle entwickelt. Einen neuen Ansatz bietet Chris Paul mit ihrem „Kaleidoskop des Trauerns" (Paul 2017). Sie nennt sechs verschiedene Erlebnisfelder, die wie in einem Kaleidoskop immer neue Muster bilden. Diesen Feldern ordnet sie bestimmte Farben zu: Überleben (orange), Wirklichkeit begreifen (dunkelgrau), Gefühle (rosa), Sich anpassen (grün), Verbunden bleiben (gelb), Einordnen (blau). Weiterführend ist hier, dass die Felder zusammen schwingen und ständig wechseln können. Belebend ist es auch, dass den unterschiedlichen Erfahrungen Farbe gegeben wird. Für problematisch halten wir jedoch die Festlegung auf bestimmte Farben. Wir meinen, dass die Farben bei den einzelnen Trauernden aufgrund ihrer Prägungen unterschiedlich empfunden werden. Bei dem Ansatz in unserem Buch geht es darum, den Spielraum in der Trauer offen zu halten. Dieser Spielraum hat für uns mehrere Dimensionen. Es geht um das Pendeln zwischen Vergangenheit und Zukunft, auch zwischen Arbeit und Erholung, zwischen Rückzug auf sich selbst und Zuwendung zu anderen. Hinzu kommt das Schwingen zwischen der Orientierung in der Alltagswelt und der Begegnung mit Verstorbenen; viele Trauernde sprechen dann vom Himmel oder von der Ewigkeit.

Eine wichtige Erkenntnis besteht darin, dass es im Trauerprozess notwendig ist, neben der erforderlichen Auseinandersetzung mit der Trauer immer wieder zur Ruhe, zur Erholung und auch zu tragfähigen Beziehungen zu kommen. Auch geht es darum, dafür geeignete Methoden zu finden. Folgende Erkenntnisse medizinischer und neurobiologischer Forschung aus den letzten Jahren können hierbei weiterführen:

→ **Ruhezustandsnetz im Gehirn** (Default Mode Network):
Der Organismus unseres Leibes sorgt selbst dafür, dass wir nach einem aktiven Zustand, in dem wir uns an bestimmten Aufgaben orientieren, in einen Status der Ruhe gelangen: Bestimmte Areale, vor allem im Kortex, schwingen aufeinander ein (Raichle 2010). In solcher Synchronizität (Gleichzeitigkeit) entsteht die Möglichkeit, in Gedanken hin und her zu schweifen, sich Tagträumen hinzugeben, in die Vergangenheit zu gehen oder sich die Zukunft auszumalen. Dieser Modus des Abschaltens von den »normalen« Aktivitäten kann Zeit für Entspannung, Erholung und Neubewertung bieten und dazu beitragen, sich selbst zu finden. Das ist gerade in der Situation der Trauer besonders wichtig. Der Ruhestandard tritt viel häufiger ein, als dass wir es uns bewusst machen. Allerdings kann es in diesem Modus auch zu einem Grübeln kommen, in dem quälende Gedanken immer wiederkommen: Dann ist es wichtig, diesen Modus zu unterbrechen und bewusst in das »Hier-und-Jetzt« zurückzukehren.

- **Chancen der Unterbrechung:**
  Nach Auffassung des Physiologen und Arztes H. J. Scheurle spielen aktive Hemmungen für die Weiterentwicklung von Organismen eine entscheidende Rolle. Durch Abstand wird Neuorientierung und Neugestaltung in der jeweiligen Situation erst möglich. Durch die aktive Bereitschaft zur »schöpferischen Pause« können sich neue Wege eröffnen. Das kann durch bewusstes Entspannen gefördert werden (Scheurle 2013, S. 101 ff.).

- **Erkenntnisse der Schlafforschung:**
  Neue Untersuchungen zeigen, dass traumatische Erfahrung nicht nur in den Träumen (REM-Phasen) bearbeitet werden, sondern auch in den anderen Phasen des Schlafes. Das bestätigt, wie wichtig ausreichend Schlaf gerade auch für Trauernde ist (Flatten 2011, S. 456).

- **Erkenntnisse der Psychoneuroimmunologie:**
  Dieses relativ neue Forschungsgebiet zeigt, wie sich seelische Situationen auf das Immunsystem auswirken. So werden bei übermäßigem chronischen Stress vermehrt Glukokortikoide und Kortikosteroide ausgeschüttet, dadurch wird das Immunsystem geschwächt (Verminderung von Lymphozyten und abwehrenden Killerzellen). Auf Grund des mangelnden Schutzes können Krankheiten entstehen oder sich intensivieren. Umgekehrt können folgende Faktoren das Immunsystem stärken: Optimismus, Selbstwertgefühl, Selbstwirksamkeit wie auch positive soziale Beziehungen (vgl. Schubert 2015). Diese Erkenntnisse sind für Trauernde wichtig, da sie oft von übermäßigem Stress betroffen sind und auf den Schutz ihres Immunsystems zu achten haben.

- **Erkenntnisse zu Spiegel-Systemen:**
  In den letzten Jahren wurde zu den Spiegelneuronen weiter geforscht und diskutiert (vgl. Keysers 2013), allerdings ist dabei auf das Zusammenwirken der Netzwerke zu achten, sodass wir eher von »Spiegel-Systemen« sprechen können. Diese Systeme ermöglichen, sich in den anderen einzufühlen und sich zu identifizieren. Ebenso wurden auch Areale entdeckt, in denen bei Spiegelungen

auch Abgrenzung geschieht und so das Gefühl für das eigene Ich verstärkt wird (Leube u. Kircher 2011, S. 277). Diese Möglichkeiten der Spiegelungen werden ergänzt durch Mentalisierungen, in denen wir in uns selbst wahrnehmen und nachvollziehen können, wie eine Bezugsperson fühlt und denkt. Bei diesen Mentalisierungen wird das Ruhezustandsnetz (Default Modus Network) aktiviert, auf das wir bereits hingewiesen haben. Im Schweifen-lassen der Gedanken und Gefühle können wir erinnern und vergegenwärtigen, was in dem anderen Menschen vor sich geht; das umfasst in diesem Modus besonders auch die kognitiven Möglichkeiten (vgl. dazu Tantchik et al. 2018, S. 503ff.). So können wir uns mit anderen auseinandersetzen. Durch Spiegelungen und Mentalisierungen ist es Trauernden möglich, Beziehungen zu Verstorbenen aufzunehmen und weiterzuentwickeln. Das kann sich als tröstend und ermutigend erweisen. Oft lassen sich im inneren Dialog mit den Verstorbenen auch Konflikte klären und Schuldgefühle lösen (Mucksch 2018). Gleichzeitig ist es für Trauernde wichtig, neue Beziehungen zu knüpfen und zu gestalten. Auch in der Trauerbegleitung ist darauf zu achten, dass in Krise und Schmerz tragfähige Beziehungen entstehen.

Insgesamt geben die vorliegenden Untersuchungen Hinweise für die Notwendigkeit, innerhalb des Spielraums von Arbeit und Erholung in der Trauer die Seite der Entspannung und auch der guten Beziehung zu beachten und zu verstärken.

5. Lebensstufen in der Trauer

Die Vorstellungen von Zeit und Raum, Abschied und Neubeginn, Leben und Tod sind beim Menschen nicht in gleicher Weise vorgegeben, sondern entwickeln sich in den einzelnen Lebensstufen, beeinflusst von der jeweiligen sozialen, kulturellen und religiösen Umgebung. Im körperlichen und geistigen Wachstum bildet sich die Großhirnrinde (3. Ebene des Gehirns) erst allmählich aus, sodass das theoretische Erfassen von Prozessen in vielen Bereichen meist erst in späterer Kindheit möglich wird. Das Wertezentrum entwickelt sich voll erst in der Pubertät. Umgekehrt besteht im hohen Alter oft nicht mehr wie bisher die Fähigkeit, Erfahrungen in Zusammenhänge einzuordnen und sie in Theorien einzubinden. Die Emotionen lassen sich dann nicht wie früher regulieren, Gedächtnisinhalte und Bilder aus der Vergangenheit können neu spürbar werden und in das Bewusstsein gelangen.

Bei allen Unterschieden können in verschiedenen Lebensstufen und Kulturen Urbilder auftauchen, die gerade in Trauerprozessen eine wichtige Rolle spielen. Dazu gehören nach C. G. Jung das »Kind«, der »Alte weise Mann« wie auch die »Große Mutter«.

5.1. Trauer bei Kindern

Im Alter bis zum Schulbeginn nehmen Kinder ihre Welt vorwiegend nicht durch theoretische Einsichten und Abstraktionen wahr, sondern durch praktisches Be-Greifen und Er-Fassen im wörtlichen Sinne. Der Begriff »Tod« ist noch nicht vorstellbar.

Das Spielen ist eine sehr wirksame Weise, wie Kinder ihre Verlusterfahrung durcharbeiten können. Dabei ist es wichtig, dass ein geschützter, verlässlicher Spiel-Raum entsteht. Hier kann das Kind seine Situation mit Vermeidungen und Auseinandersetzungen so durchspielen, wie es das gerade jetzt für sich braucht. Das Kind bleibt dann in dieser verlässlichen Ebene. Erwachsene können darin das Kind unterstützen, es aber nicht durch »Theorien« aus dieser Ebene herausreißen.

Kinder äußern sich in ihrer Trauer oft nicht in Worten, sondern im Verhalten und im Handeln. So wollen manche Kinder nur dann einschlafen, wenn das Licht dabei brennt; andere wollen nachts zu ihrer Mutter ins Bett, so wie es früher war. Häufig leben Kinder ihre Trauer spontan aus. Mal ziehen sie sich bedrückt in eine Ecke zurück, mal zeigen sie sich lustig, zuweilen auch albern, ausgelassen. Einige Kinder geben sich sehr angepasst, versuchen die Rollen zu spielen, die von Erwachsenen erwartet werden, und die Aufträge zu erfüllen, die an sie gerichtet werden. So wollen sie in einer Situation der Krise einen einigermaßen sicheren Boden gewinnen. Dann aber brechen unerwartet Emotionen aus ihnen hervor, Wut, Flucht, manchmal kommt es auch zur Erstarrung, dann wieder zu einer Zeit der Ablenkung. Oft sind das unbewusste Vorkehrungen, das eigene Leben zu schützen (vgl. Franz 2009, S. 89).

Von Erwachsenen sind solche Reaktionen der Kinder oft schwer zu verstehen. Bewährt hat sich die Methode des »Spiegelns« (vgl. hierzu Streeck-Fischer 2007, S. 68 f.). Erwachsene geben in Gestik – manchmal auch in Worten – wieder, wie sie das Verhalten der Kinder sehen und spüren, ohne es dabei von oben herab zu beurteilen und zu bewerten. Dadurch können sie sich mehr in die Situation der Kinder hineinversetzen. Umgekehrt fühlen sich die Kinder besser wahrgenommen. Beim kreativen sozialen Spiegeln wird die Selbstreflexion unterstützt, auch werden niedrigschwellige Änderungsmöglichkeiten in den Verhaltensmustern angeboten. Wird das angenommen, dann eröffnet sich dadurch ein weiterer Spiel-Raum, in dem die Trauer bearbeitet werden kann.

5.2. Trauer bei Jugendlichen

Jugendliche in der Zeit der Pubertät befinden sich im Umbruch. Das betrifft ihre körperliche Entwicklung, ebenso geht es auch um eine seelische und geistige Reifung, die zum Ziel hat, die eigene Identität zu finden, zu gewinnen und zu gestalten. Wenn es in diesem instabilen Prozess zu einer schweren Verlusterfahrung kommt, stellt das für den jungen Menschen meist eine ungeheure Herausforderung dar. Die verstorbene Person ist nicht mehr da, um ihm zur Seite zu stehen. Von den Eltern, die ihm sonst nahestanden, braucht er in seinem Entwicklungsprozess jetzt eher Abstand. Die Gruppe der Gleichaltrigen, in der es oft eher um Stärke, Durchsetzungskraft und Gewinn geht, ist mit dem Erleben des Verlustes häufig überfordert. Der Freund oder die Freundin hat meist keine eigene Erfahrung, um sich in solch neue, schwierige Situationen hineinversetzen zu können. Auch besteht nicht mehr der Weg der Kindheit, in einer geschützten, noch unreflektierten Spielebene mit der Trauer umzugehen. Wohin kann er sich wenden? Woran kann er sich orientieren? Manche möchten in dieser Situation erst mal weit weg sein. Andere wollen sich wieder in den Schutz der jetzt unvollständigen Familie begeben, damit »alle ganz füreinander da sind«. Manchmal verbindet sich auch beides miteinander: Eine Achtzehnjährige, die ihren Bruder durch Suizid verloren hatte, will für Monate nach Neuseeland reisen, um dort zu arbeiten. Sie hat aber den Plan, wieder zurückzufliegen, sobald das für sie oder ihre Familie notwendig ist.

In der Begleitung von trauernden Jugendlichen ist es wichtig, sich beide Bedürfnisse bewusst zu machen: einmal das Bedürfnis nach Abgrenzung und Suche nach eigener Identität, zum anderen das Bedürfnis nach Solidarität mit Gleichaltrigen in ähnlicher Situation, nach Austausch und eigenständiger Orientierung. Die erfreulicherweise vielfältigen Angebote für trauernde Kinder in mehreren Städten sollten ergänzt werden durch Trauergruppen für Jugendliche. Die Anleitung könnte auch durch erfahrene Begleiter erfolgen, die der Großeltern-Generation angehören. Der

Abstand zu Spannungen zwischen Jugendlichen und Elterngeneration kann so oft mehr Spielraum für Begegnung und Neuorientierung bieten.

5.3. Trauer im hohen Alter

In den gesellschaftlichen Vorstellungen vom Alter lösen Chancen-Modelle weitgehend diejenigen Modelle ab, in denen Alter primär als Abstieg und Schwäche verstanden wurden. Die Plastizität des Gehirns bei regelmäßigem Lernen und Einüben auch im hohen Alter wurde neu erforscht; die Möglichkeiten vieler alter Menschen, mit Erfahrungen und Lebensweisheit soziales Leben mitzugestalten, wurde vielfach neu eingeschätzt.

Mit zunehmendem Alter haben Menschen mehr Abschiede zu verarbeiten: Im Alter über 75 müssen sie sich darauf einstellen, von Gleichaltrigen früher oder später Abschied zu nehmen; gleichzeitig wird das eigene Lebensende bewusster. Vielen alten Menschen gelingt es, solche Situationen mit Würde und »Haltung« durchzustehen und zu gestalten.

Im hohen Alter können jedoch auch die Grenzen spürbar werden, schwere Erfahrungen mit den vertrauten Methoden zu bewältigen. Regulierungen durch Denken und Planen sind oft nicht mehr wie vorher möglich, da in dieser Lebensstufe Areale der Großhirnrinde (3. Ebene) in ihren Funktionen häufig eingeschränkt sind. Es gelingt dann nicht mehr wie bisher, die »Haltung« zu bewahren. Verdrängte und doch im Gehirn fest eingeschriebene Erfahrungen, Bilder und Vorstellungen (2. Ebene des Gehirns) können hervorbrechen und in das Bewusstsein kommen, weil die alten Mechanismen der Regelungen nicht mehr wirken. So können alte traumatische Verlusterfahrungen in plötzlich auftauchenden Bildern und Filmen, Träumen und Tagträumen erinnert werden. Das gilt besonders auch für die Erfahrungen während des Zweiten Weltkrieges und der ersten Nachkriegszeit (vgl. dazu Bode 2008).

Kommt es im hohen Alter zu sehr schwerer neuer Verlusterfahrung, werden häufig damit zugleich die alten Erfahrungen verstärkt aktiviert und mobilisiert. Das geschieht bei Verlust der Partnerin oder des Partners. Dabei gehen auch die gewohnten Vereinbarungen, Spiegelungen und Absicherungen verloren. Als eine besonders schwere seelische Verletzung wird es empfunden, wenn Kinder oder Enkel sterben, weil damit die natürliche Lebensordnung zerstört erscheint. Das Geschehen kann nicht mehr in einen sinnvollen Zusammenhang eingeordnet werden. Verzweiflung, Ohnmacht, Wut brechen auf. Das kommt oft in Bildern zur Sprache.

▶▶ *Ein Witwer im Alter von 80 Jahren sagte:* »*Im Grunde habe ich nach dem Krieg wie in einem Panzer gelebt. Oft hat es in mir gebrodelt, aber nichts drang nach außen an die Oberfläche: Ich hatte ja meine harte Panzerschale. Hart wie Kruppstahl hatten wir damals gesagt, und das galt für mich weiter. Jetzt aber ist die Schale gerissen und kaputt, alles quillt aus mir heraus. So ist das einfach nicht auszuhalten. Ich kenne mich selbst nicht mehr wieder.*«

Leider werden solche Bilder oft nicht verstanden und als »Verwirrtheit« abgetan. Doch kommt es in der Begleitung darauf an, diese Bilder aufzunehmen, sie in einfühlenden Spiegelungen wiederzugeben und dadurch Nähe und neue Orientierung zu ermöglichen. Eine Witwe, die nach dem Tod ihres Mannes krank im Bett lag, sagte immer wieder: »*Ich muss noch meinen Keller aufräumen.*« Wer begreift, dass damit der seelische Keller mit den noch »herumliegenden« Erfahrungen gemeint ist, kann sie darin im aktiven Zuhören unterstützen. Ähnlich spricht ein aus Ostpreußen stammender Bauer davon, dass er noch die Ernte einfahren muss. Es geht um die Ernte seines Lebens mit all den schweren Verlusten und auch allen schönen Erfahrungen, die herangereift sind.

Oft sagen alte Menschen, dass sie sich mit Kindern besonders gut verstehen. Das geschieht häufig auf der Ebene der Bilder, der Symbole, des Spielens und in der emotionalen Zuwendung. Das erinnert an einige mittelalterliche Bilder, auf denen die Geburt Jesu dargestellt wird. Der Älteste von den drei Weisen aus dem Morgenlande kniet vor Maria und dem Jesuskind nieder. Das Kind berührt mit seiner Hand den alten Mann und segnet ihn. Alte Menschen in ihrer Trauer können sich in diesem Bild wiederfinden. Hier schließt sich ein Kreis. Oder besser: Durch die verschiedenen Lebensstufen hindurch öffnet sich hier eine Spirale.

6. Zeiten in der Trauer

Werden schwere Verluste erfahren, so ist die Orientierung zunächst erschwert – nicht nur im Raum, sondern auch in der Zeit: »Wie kann ich mich zurecht finden, wenn nach dem Tod alles so anders geworden ist?« Der Rhythmus von Tag und Nacht, von Werktag und Wochenende, von Frühling, Sommer, Herbst und Winter bietet Chancen, unterschiedliche Zeiten wahrzunehmen und bewusst zu gestalten.

6.1. Tag und Nacht

Der Rhythmus eines Tages von 24 Stunden lässt sich in folgende Zeiten gliedern: Morgenzeit, Mittagszeit, Abendzeit sowie Nachtzeit mit Phasen des Wachens und des Schlafens.

Trauernden wird beim Aufwachen oft schmerzlich bewusst, dass der verstorbene Mensch nicht mehr wiederkommt und der Tag ohne ihn gestaltet werden muss. Manchmal fehlt dann die notwendige Energie und Motivation aufzustehen und in den neuen Tag hineinzugehen.

▶▶ *Ein Witwer erzählte: »Morgens war es immer am schwersten. Ich blieb dann liegen und grübelte. Dadurch wurde alles noch schwieriger. Dann aber habe ich alles umgestellt. Jetzt decke ich mir schon am Abend den Tisch, stelle alles bereit, nehme mir auch schon Ziele für den Tag vor. Jetzt komme ich morgens leichter hoch und kann mich an den gedeckten Tisch setzen.«* Solche rechtzeitige Strukturierung kann dazu beitragen, den Weg durch die Trauer bewusst und eigenständig zu gestalten.

Die Mittagszeit bietet eine Unterbrecheng in dem Tagesablauf. Das Mittagessen wird eingenommen. Witwen und Witwern fällt es besonders schwer, allein zu essen. Viele sagen dann: »*So schmeckt es einfach nicht mehr*« Bewährt hat es sich, einen nahen Menschen zum Essen einzuladen. Oft ergeben sich dann wechselseitige Einladungen. Nach dem Essen kommt es zu einer Minderung der gewohnten Leistungsfähigkeit, da Blut zur Verdauung gebraucht wird. Die Zeit lässt sich gut zur Erholung nutzen, wenn möglich zu einem Spaziergang in der frischen Luft oder auch zu einem kurzen Nachmittagsschlaf. Dadurch lassen sich neue Kräfte gewinnen.

Am späten Abend ist es günstig, zur Ruhe zu kommen und langsam das abzulegen, was am Tag noch bedrückt und belastet hat. Bewährt hat es sich, Erfahrungen und Ideen in einem Tagebuch oder auf einem Zettel niederzuschreiben. Auch kann in Teilen der neue Tag schon vorbereitet werden, indem die Sachen bereitgestellt werden, die am nächsten Morgen benötigt werden.

Die Übergänge zu den einzelnen Abschnitten des Tages lassen sich bewusst akzentuieren und gestalten, das kann je nach eigener Lebenseinstellung und Glaubenshaltung geschehen. Entspannungstraining mit bewusstem Aus- und Einatmen ist morgens, mittags und abends möglich. Die Regelmäßigkeit fördert Bahnungen, die ein Umschalten von Stress in Ruhe erleichtern. Für Christen kommen Gebete in Betracht, für ihren Glauben praktizierende Muslime das fünfmalige rituelle Gebet (Namaz), für Buddhisten Meditationen. Der Naturwissenschaftler und Buddhist M. Ricard beschreibt die Wirkung: »Mit einer Meditation oder einer anderen spirituellen Praktik am frühen Morgen legt man die Grundstimmung für den Tag fest, das setzt einen Transformationsprozess in Gang, der einen wie ein unsichtbarer Strom durch den Tag trägt.« Entsprechend gilt für die Meditation vor dem Einschlafen, dass durch sie die ganze Nacht »eine andere Qualität erhält« (Singer u. Ricard 2008, S. 86).

Der Schlaf in der Nacht hat zwei Funktionen: er dient der Entspannung und der körperlichen Erholung. Zum andern werden durch den Schlaf Erfahrungen im Tagesgeschehen verarbeitet, Erinnerungsspuren werden neu zugeordnet, gestörtes Gleichgewicht wird wiederhergestellt. Phasen des Tiefschlafs mit langsamen Wellen (meist insgesamt fünf Phasen pro Nacht) wechseln ab mit Phasen, in denen es zu schnellen Augenbewegungen kommt und in denen die Wellen in z.T. heftig ausgeprägten Schwingungen wie im Wachzustand verlaufen.

In diesen Prozessen wird Wichtiges vom Unwichtigen unterschieden, Gelerntes in die zuständigen Felder eingeordnet; zuweilen wird auch Erlebtes, das vorher weggeschoben wurde, neu wiederaufgenommen und in andere Zusammenhänge gestellt. So können Trauernde die Verlusterfahrung besonders im Schlaf verarbeiten. Meist geschieht das unbewusst.

Wenn wir beim Aufwachen die Träume erinnern, können uns einige dieser Inhalte vielfach in der Sprache von Bildern bewusst werden.

▶▶ *Ein Witwer erzählte:»Ich träumte davon, dass ich an einem großen Tisch saß, meine Frau sah ich direkt gegenüber auf der anderen Seite des Tisches. Aber nun wurde dieser Tisch immer länger, meine Frau rückte mir immer ferner, bis ich sie am Ende gar nicht mehr sehen konnte.«* Zwei Seiten der Trauererfahrung kommen hierbei zum Ausdruck: Der Verlust ist schmerzliche Wirklichkeit; die verstorbene Frau ist in dieser Welt nicht mehr zu halten. Trotzdem besteht eine unfassbare Verbindung, die im Symbol des Tisches Gestalt gewinnt. Dem Witwer fiel der »Abendmahlstisch« ein, »der ja in die Ewigkeit hinüberreicht«.

In der Trauer ist es sehr wichtig, genügend Zeit zum Schlaf zu haben, damit die unerträglichen Erfahrungen langsam eingeordnet und integriert werden können. Starke und dauerhafte Schlafstörungen (Schlaf mehrere Wochen unter fünf Stunden täglich) stellen ein schweres Problem dar, das der Lösung bedarf. Wenn das notwendige Einschlafen schwierig wird, führt es oft weiter, die Hand auf den Bauch zu legen und sich auf das Ausatmen und Einatmen zu konzentrieren. Das gelingt umso besser, je regelmäßiger solche Entspannung am Morgen, Mittag und Abend praktiziert wird.

6.2 Werktage und Wochenende

Vielen Trauernden fällt es sehr schwer, das Wochenende zu gestalten: »Die normale Woche kann ich noch einigermaßen durchhalten, aber am Wochenende ist es nicht mehr zum Aushalten. Da spüre ich die Einsamkeit unerträglich, da fällt mir die Decke auf den Kopf.« Oft gelingt an Werktagen die Ablenkung durch Arbeit und gewohnte Tätigkeiten. In der freien Zeit am Wochenende wird dann der Verlust bewusster und der Schmerz noch deutlicher spürbar. In der jüdischen Tradition war der Sonnabend (Sabbat) der Tag der Loslösung von der harten Last der Arbeit, er war ein Zeichen der Befreiung. Für Trauernde ist jedoch oft die gewohnte Tätigkeit in der Woche eine willkommene Möglichkeit, mit eigenem Tun ausgefüllt zu sein. So bekommen sie die Abwesenheit des geliebten Menschen und die damit verbundene Leere nicht immer in der ganzen Wucht zu spüren. Jetzt aber in der freien Zeit wird es notwendig, sich mit dem Verlust, mit all seinen Folgen und den widersprüchlichen Gefühlen auseinanderzusetzen.

Für manche Trauernde ist der Sonntag noch schwerer zu überstehen als der Sonnabend. Die Leere wird am zweiten freien Tag häufig noch stärker spürbar, die Abwesenheit des geliebten Menschen wird als noch schmerzlicher empfunden. Der ursprüngliche Sinn des Sonntags in der christlichen Tradition ist meist kaum noch bewusst: Dieser Tag soll an die Ostersonne erinnern, an die Auferstehung Jesu von den Toten. Der Tag ist ursprünglich dazu da, dass an ihm neues Leben durch Krisen und Tod hindurch gefeiert werden kann. Stattdessen erleben viele Trauernde besonders an diesem Tag die eigene Leere und Verlassenheit.

Umso wichtiger ist es, Möglichkeiten zu finden, das Wochenende zumindest für einen überschaubaren Zeitraum bewusst zu gestalten. Einmal bietet sich der Tag dafür an, mit vertrauten Menschen, Freunden oder Angehörigen, Verabredungen zu treffen für gemeinsames Essen, für Ausflüge oder andere Unternehmungen. Es besteht auch genügend freie Zeit, den Hobbys nachzugehen, die zu Lebzeiten des verstorbenen Menschen vernachlässigt worden sind. Eine Witwe er-

zählte: »*Ich habe wieder wie früher zu malen begonnen. Mein Aquarellpapier und meine Pinsel habe ich aus dem Keller geholt. Meine Gefühle kann ich jetzt in fließenden Farben und in Landschaften zum Ausdruck bringen. Jetzt freue ich mich schon auf das nächste freie Wochenende.*«
Nicht alle Trauernden können solche Begabungen in sich entdecken. Manche suchen Menschen, die ebenfalls trauern und mit denen sie sprechen können, weil sie sich in einer ähnlichen Situation befinden. Bewährt haben sich Trauercafés, die – oft in Verbindung mit einem Hospiz – gerade am Sonnabend oder Sonntag öffnen und zum zwanglosen Gespräch bei einer Tasse Kaffee einladen.

Insgesamt kann das Wochenende in der Zeit der Trauer neue Spielräume bieten. Für manchen kann es zeigen, dass die Ablenkung durch harte Arbeit ihre Grenze hat. In der Leere der freien Zeit besteht die Chance, sich mit der schweren Verlusterfahrung und den Schmerzen auseinanderzusetzen. Neue Wege können entdeckt und erprobt werden. Für einige kann der Sonntag in seinem ursprünglichen Sinn auch ein Hinweis darauf sein, dass trotz Leid und Tod neues Leben möglich ist. Als erster Tag in der Woche kann er dazu anregen, sich nicht übermäßig auf die Arbeit zu fixieren, sondern sich auch an den Werktagen genügend Zeit zur Entspannung zu lassen.

6.3. Der Jahreskreis

Die Jahreszeiten lösen bei vielen Menschen in europäischen Ländern unterschiedliche Stimmungen und Gefühle aus: Aufblühen und Aufbruch im Frühling, volle Blüte und Erholung im Sommer, Ernte und Vergänglichkeit im Herbst, Rückzug, Dunkelheit und Brachzeit im Winter. In der Trauer können diese Jahreszeiten jedoch ganz anders empfunden werden.

▶▶ *Eine Mutter, die ihr Kind verloren hat, antwortet auf die Frage, ob die Schönheit des beginnenden Frühlings sie wieder ermutigen kann:* »*Ganz im Gegenteil. Diese Farben, diese Düfte, diese Blumen und Schmetterlinge*

– das quält mich unermesslich. Das alles kann meine Tochter nicht miterleben. Immer hat sie sich so darüber gefreut. Nie wieder wird sie das sehen können. Ach, wäre doch nur alles düster und grau. So sieht es in mir jetzt aus.« Wie gut, dass diese Mutter ihre Gefühle so offen mitteilen kann. Es braucht viel Zeit, bis sich in ihr durch die Dunkelheit hindurch neues Leben entwickeln kann.

Anders kann es im trüben November sein. Das Fallen der Blätter, die zunehmende Dunkelheit und Stille, die Zeit der Erinnerungen und der leuchtenden Kerzen entsprechen den Gefühlen vieler Trauernder. Eine Witwe bemerkte Anfang Dezember dazu: »*Immer kürzer werden die Tage, immer grauer und trister wird es. Da muss ich aufpassen, nicht depressiv zu werden. Doch während draußen das Licht bis zur Wintersonnenwende am 21. 12. abnimmt, nimmt hier drinnen das Licht zu: Erst eine Adventskerze, dann zwei, bis schließlich am vierten Advent alle vier Kerzen brennen.*« Es tut gut, sich vor Überflutung durch Schwermut zu schützen, solche Hoffnungszeichen wahrzunehmen und in der Dunkelheit äußere und innere Lichter anzuzünden.

Im mitteleuropäischen Kulturkreis kann das Kalenderjahr durch Symbole, Geschichten und Feste des Kirchenjahres in besonderer Weise gestaltet werden.

> **INFO**
> Das Kirchenjahr ist in dieser Region in zwei Zyklen gegliedert:
> 1. In den Kreis von Advent und Weihnachten; dieser Zyklus richtet sich nach dem Kalenderjahr (Weihnachten ist am 24. und 25. Dezember).
> 2. In den Kreis von Passion und Ostern; dieser Zyklus richtet sich nach dem Mondjahr (Ostern ist am ersten Sonntag nach dem Frühlingsvollmond).
> In beiden Festen geht es darum, den Weg Jesu Christi durch Leiden hindurch zur Befreiung, Heilung und Erlösung zu erinnern und dabei Möglichkeiten für den eigenen Lebensweg zu finden.
> Der Zyklus von Weihnachten hat sich in einem langen geschichtlichen Prozess herausgebildet. Im römischen Raum war es der 25. Dezember zur Wintersonnenwende, wo ursprünglich der unbesiegte Sonnengott ge-

feiert wurde. Dieser Tag wurde auf Christus bezogen, der als die »wahre Sonne« Licht in die tiefste Dunkelheit bringt. Die Geschichten von der Geburt Jesu (Lukas 2 und Matthäus 1) erzählen davon, wie durch Bedrohung und Leid hindurch Heilung und Erlösung möglich wird. Beide Geschichten bieten die Möglichkeit, verletzende Erfahrungen in einem großen, heilsamen Zusammenhang zu sehen. Einzelne Figuren der Erzählungen wie Mutter, Vater, Kind, die Hirten und die Weisen können beim Lesen und Hören der Geschichten so ansprechen, dass sich manche Trauernde an ihre Kindheit erinnern. Zuweilen können sie sich in diesen Gestalten wiederfinden und sich neu orientieren. Auch sie sind auf der Suche und können das finden, was sie zum Leben benötigen. Auch sie fühlen sich in ihrer Existenz bedroht und können Zeichen für ihren Weg erhalten. Sie fühlen sich oft leer und können doch wie die drei Weisen ihre Schätze auftun und ihre Begabungen entdecken.

Im Frühling kann die Erinnerung an Passion und Auferstehung bewusst machen, dass neues Leben durch Leiden, Sterben und Trauer hindurch ermöglicht wird. Die Ostergeschichten zeigen, dass die Trauernden einen langen Prozess durch viele Schmerzen und Zweifel durchstehen, bis sie schließlich zum Glauben an den neuen Anfang gelangen.

Vor den Hauptfesten Ostern und Weihnachten liegt jeweils eine Fastenzeit als Vorbereitungszeit. Sie beträgt vor Ostern als »Passionszeit« 40 Tage; vor Weihnachten wird der Advent als »Ankunftszeit« begangen; dieser Zeitraum beträgt etwa vier Wochen. In beiden Zyklen ist das ungefähr die Zeit, wo nach Erkenntnissen der Neurobiologie bei regelmäßiger Wiederholung bestimmten Verhaltens sich nachhaltig neue Bahnungen ergeben und sich neue Netzwerke entwickeln können (vgl. S. 27).

INFO

Im Islam bilden das Opferfest (drei Tage) und der Fastenmonat Ramadan (28 Tage) die beiden zentralen Festzyklen. Sie werden nach dem Mondkalender berechnet und verschieben sich daher im Kalenderjahr um acht Tage. Den praktizierenden Muslimen können sie in der Trauer Orientierung geben. An beiden Festen wird der Verstorbenen gedacht. Das erste Fest nach dem Tod eines Angehörigen wird als »Trauerfest« gestaltet. Nach einem gemeinsamen Mahl im Haus der Angehörigen wird

> das Grab besucht, Koranverse werden gelesen und der Tote wird erinnert. Menschen können ihrer Trauer in der Gemeinschaft Ausdruck geben; sie können sich m t ihrer Situation in einem heilsamen Zusammenhang sehen und sich so in Raum und Zeit orientieren.

Für Trauernde ist es günstig, die Rhythmen des Jahres in der Natur und in der jeweiligen Kultur wahrzunehmen. Noch weiter führt es im Trauerprozess, wenn die Trauernden die einzelnen Zeiten und Übergänge bewusst gestalten. Dies können sie mit jahreszeitlichem Blumenschmuck in ihrer Wohnung tun. Manche richten sich auch eine bestimmte Ecke in ihrem Zimmer ein, die den Jahreszeiten und Jahresfesten angemessen gestaltet wird und fast den Charakter eines Hausaltars bekommt.

Eine Mutter, die ihren achtzehnjährigen Sohn verloren hatte, äußerte: »*An Festtagen schaue ich oft die Fotos aus den vergangenen Jahren an und denke zurück, wie wir damals gemeinsam gefeiert hatten. Da sehe ich meinen Sohn in seinen verschiedenen Entwicklungen, bis dann alles so abrupt abbrach. Ich spüre dabei auch meine eigenen Entwicklungen.*« Wenn wir so die vergangenen Jahreskreise erinnern und die Gegenwart bewusst wahrnehmen, dann können wir zunehmend unser Leben als Spirale verstehen und gestalten.

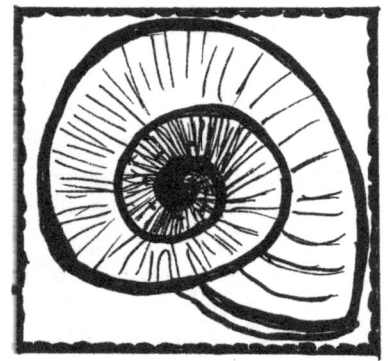

7. Rituale in der Trauer

Der Tod eines nahen Menschen kann zum Zusammenbruch der gewohnten Ordnungen und Orientierungen führen. Gerade in dieser Situation sind für die Trauernden Rituale besonders wichtig:

- Rituale können einen geschützten Raum bieten, wo sich Trauernde mit ihren Gefühlen so einbringen können, wie ihnen zumute ist.
- Rituale sprechen über Bilder, Töne und symbolischen Handlungen die Sinne an. Dadurch können Trauernde sie auch dann aufnehmen, wenn sie die Zusammenhänge im Denken nicht erfassen und zur Sprache bringen können.
- Rituale bieten die Möglichkeit, sich im Schmerz nicht isoliert zu empfinden, sondern in einer Gemeinschaft zu sein, in der auch andere Leid erfahren.
- Rituale eröffnen Verbindungen zu alter Geschichte und Kultur. Trauernde müssen sie nicht neu erfinden, sondern können sich in sie hineinbegeben und in ihnen Halt suchen und finden. Rituale leben davon, dass sie immer wieder vollzogen werden; sie lassen sich weiterentwickeln.
- Allerdings können Rituale auch erstarren. Sie können dann zu zwanghaften Zeremonien oder auch zu normierten Klischees werden. Lösend und heilend wirken Rituale besonders dann, wenn sie Trauernden genügend Spielraum lassen, sich darin selbst mit Leib und Seele einzubringen und sich darin aufgehoben zu fühlen.

Wie Rituale in der Trauer wirksam werden können, soll an einigen Beispielen gezeigt werden.

7.1. Rituale des Abschieds

Tritt der Tod nach einer Krankheit ein, kann eine Zeit der Stille entstehen. Am Bett werden die Geräte abgeschaltet. Jetzt muss nichts mehr getan werden, um das Leben zu verlängern. Jetzt ist keine Anstrengung mehr notwendig, dem Sterbenden beizustehen. Er ist gestorben. In der Ruhe liegt die Chance innezuhalten, still oder hörbar eine Zwiesprache zu führen, je nach Lebenseinstellung auch zu beten oder zu meditieren. Das Fenster kann geöffnet werden. Ein Licht kann angezündet werden. Für Christen kann es zum Symbol für das ewige Licht Gottes werden, das jetzt dem Verstorbenen leuchtet.

PRAXISANREGUNG
Erni Kutter berichtet von einem besonders gestalteten Ritual mit Angehörigen, Freunden und Freundinnen: »Die Teilnehmenden werden eingeladen, etwas Wasser aus einem Krug in die bereitgestellte Schale zu gießen und laut oder im Stillen für sich einen Wunsch oder Segen zu sprechen und dabei die/den Verstorbene/n mit Namen anzureden.« (Kutter 2010, S. 71). Die Worte können z. B. lauten: »Möge Liebe dich auf deinem Weg begleiten.« Zum Abschluss dieses Rituals kann ein Reisesegen gesprochen werden.

Zum Abschiednehmen von dem Toten besteht genügend Zeit. Meist ist Trauernden nicht bekannt, dass der Tote bis zu 36 Stunden zu Hause bleiben kann. Bei Kliniken und Pflegeheimen ist es wichtig, dass dort ein würdig gestalteter Abschiedsraum zur Verfügung steht.

PRAXISANREGUNG
Manche Trauernde kommen zu einer »Aussegnung« zusammen. Sie finden sich im Sterberaum ein, um für den Toten den Segen Gottes zu erbitten. Der Tote wird dann über die Schwelle des Raumes getragen, in dem er starb. Diese bewusste symbolische Handlung lässt sich im Wortsinn als »Schwellenritual« verstehen.

Die Trauerfeier bietet die Gelegenheit, die Lebensgeschichte des Verstorbenen zu erinnern und sich dabei auch des eigenen Weges bewusst zu werden. Es kann in den Blick kommen, wie der Verstorbene die Entwicklung der Angehörigen und Freunde beeinflusst hat, was in den Begegnungen gelang und was unerfüllt blieb.

PRAXISANREGUNG
In einer Zeit der Stille kann jeder und jede Trauernde in Gedanken und Fantasien Bilder, Erlebnisse und Geschichten in einen freien Raum vor den Sarg stellen. Auch kann vor der Feier verabredet werden, bedeutsame Gegenstände, die das Leben des Verstorbenen kennzeichnen, mitzubringen und in diesen Bereich zu legen. Das kann ein Bild sein, das er immer wieder betrachtet hat, ein Musikinstrument, das er gespielt, ein Buch, von dem er erzählt hat. Ansprachen können deutlich machen, wo Verbindungen bestehen; sie können aber auch Unterschiede in den verschiedenen Lebensentwürfen markieren. Oft ist es günstig, wenn unterschiedliche Sichtweisen zur Sprache kommen können. Dadurch können Anregungen für die weitere Bearbeitung der Beziehungsgeschichte im Trauerprozess gegeben werden.

Im christlichen Verständnis ist die Bestattung auf der einen Seite ein Abschiedsritual, in dem die Realität des physischen Todes klar benannt wird. Das physisch Vergängliche des Verstorbenen wird den Elementen Erde, Feuer oder Wasser übergeben. Auf der anderen Seite ist sie ein Wandlungsritual, weil die Person in eine andere, vielen Menschen nicht wahrnehmbare Lebensdimension überführt wird. Im christlichen Glauben geschieht das durch Jesus Christus, der als die »Auferstehungskraft« im Menschen wirkt – schon jetzt mitten in diesem Leben und auch jenseits der Todesgrenze (vgl. dazu S. Bobert 2010, S. 436 ff.).

Nach der Trauerfeier geschieht die Erdbestattung oder die Feuerbestattung, auf sie folgt manchmal die Seebestattung oder in neuerer Zeit auch die Baumbestattung, wo die Asche des Verstorbenen in die Wurzel eines Baumes gelegt wird.

In der Erdbestattung wird der Leichnam in die Erde versenkt. Der dreimalige Erd-Wurf der Trauernden hatte ursprünglich den Sinn, die Wiederkehr des Toten in diese Dimension des Lebens zu verhindern und so vor »Geistern« zu schützen. Heute werden oft auch Blumen, Briefe und Bilder an den Verstorbenen sowie weitere Gegenstände mit symbolischer Bedeutung ins Grab geworfen. Zuweilen lassen Trauernde auch Luftballons steigen, vielfach versehen mit angehängten Zetteln, auf denen Wünsche und Bitten stehen. Sie können auf die andere Dimension hinweisen, in die hinein die verstorbene Person überführt wird.

Den Abschluss der Bestattung bietet oft das gemeinsame Zusammensein bei einem Mahl. Hier können Trauernde einander begegnen und Erfahrungen austauschen, auch gemeinsam essen. Ein solches Ritual hat uralte Wurzeln. Schon zur Zeit der hebräischen Bibel bestand die Sitte, das »Trauerbrot« zu brechen und den »Trostbecher« zu reichen (Jeremia 16, 7). Solch alte Riten können Halt, Gemeinschaft und Orientierung geben.

7.2. Rituale des Erinnerns

Für Erinnerungsrituale sind »sichere Orte« wichtig. Ein solcher Ort kann der Friedhof sein. Ursprünglich bezeichnete dieses Wort einen eingefriedeten Raum um eine Kirche, in dem Verfolgten Schutz und Frieden gewährt wurde. Heute ist es ein Ort, an dem die Toten bestattet sind. Trauernde erinnern sich ihrer und finden dabei die Rituale, die ihnen entsprechen. Das Grab wird häufig durch einen Grabstein begrenzt. Dieser Stein war ursprünglich ein Symbol für die Grenzlinie zwischen dieser Welt und der anderen jenseitigen Welt. Auf dem Stein steht der Name des Verstorbenen, meist zusammen mit den Geburts- und Todesdaten. Damit wird die Einmaligkeit dieses Lebens zwischen Geburt und Sterben deutlich gekennzeichnet. Meist ist das Grabmal so gestaltet, dass es der Eigenart dieses Menschen entspricht, oft aber auch den Bedürfnissen der Trauernden. So ließ eine Witwe das Grabkreuz für ihren Mann so gestalten, dass durch die Leerstellen dieses Kreuzes für sie der Himmel durchscheint. Bei diesem Blick in die Weite empfand sie in ihrer Trauer Erleichterung und Befreiung.

Manche meiden den Friedhof, für andere ist er ein Raum, der im Schmerz innere Ruhe und Orientierung gibt.

PRAXISANREGUNG
Jeder und jede kann das eigene, persönliche Ritual finden und es bewusst gestalten. Beim Besuch des Grabes beginnt solch ein Ritual mit der Ankunft und schließt mit dem Weggang. Dazwischen können folgende Elemente liegen: Anzünden eines Lichtes, das am Grab für längere Zeit leuchtet – Pflege der Blumen – Zwiesprache mit dem Verstorbenen, zuweilen auch das Erzählen von Begebenheiten und Bitte um Beratung – Meditation oder Gebet und Segen – Bewusster Abschied und Hinwendung zum eigenen Lebensweg. Solche Rituale können erweitert werden. Sinti und Roma halten an den Gräbern zuweilen gemeinsame Mahlzeiten, an denen nach ihrem Glauben auch die Toten unsichtbar teilnehmen.

Schwierig kann es sein, wenn wie bei manchen Urnenbestattungen im »anonymen Gräberfeld« kein fester Ort des Gedenkens vorhanden ist. Manche suchen sich dann einen anderen besonderen Ort der Erinnerung, z.B. einen Lieblingsplatz, an dem sie gute gemeinsame Zeiten verbracht haben. Einige pflanzen einen Baum, an dem sie den Verstorbenen erinnern. Andere gestalten eine Stele. Bei Seebestattungen gehen manche Trauernde an das Ufer und gedenken dort im Blick auf die Weite von See und Himmel des Menschen, den sie auf dieser Erde verloren haben. Einzelne werfen einen besonders gestalteten Stein in das Wasser oder übergeben dem Meer eine Flaschenpost mit einem Brief voller Erinnerungen, Fragen, Sehnsüchte, oft auch voller Dank. Immer mehr Trauernde haben im Internet einen Ort gefunden, wo sie der Toten gedenken, sich mit anderen Trauernden über ihre Erfahrungen austauschen und sich gegenseitig Anregungen geben.

Zu bestimmten Zeiten wird der Verstorbenen in besonderer Weise gedacht. Zu diesen Zeiten gehören die großen Feste Weihnachten und Ostern sowie die Gedenktage Ewigkeitssonntag (Totensonntag), Allerheiligen und Allerseelen bei den Christen, Ramadan und Opferfest bei den Muslimen. Weitere außerordentliche Erinnerungstage sind die Geburtstage und vor allem auch der Todestag.

PRAXISANREGUNG

Folgendes Ritual kann zeigen, wie der erste Todestag gestaltet werden kann:
Angehörige, Freunde und Freundinnen der Verstorbenen verabreden sich zu einem gemeinsamen Treffen in einem vertrauten Raum. Dort ist der Tisch so gedeckt, dass in der Mitte eine große Kerze leuchtet. Nach einer Begrüßung und Einführung wird in einer Zeit des Schweigens der Verstorbenen gedacht. Danach besteht die Möglichkeit, in den Raum um die Kerze einen symbolhaften Gegenstand zu legen, der die Verstorbene und die Beziehung kennzeichnet. Das kann eine bestimmte Blume, ein Stein, ein Schmuckstück, eine Engelsfigur, ein Bild, ein Blatt mit einem Wort oder einem Gedicht sein. Jeder kann in die Mitte hinein sagen, was er von der verstorbenen Frau empfangen hat und was er jetzt von ihr in sein weiteres Leben mitnehmen will. Nach einer Stille, in die hinein Musik erklingen kann, wird zum gemeinsamen Mahl eingeladen.

7.3. Der eigene Geburtstag in der Trauerzeit

In der europäischen Kultur haben sich beim Feiern des Geburtstags viele Rituale entwickelt. Dazu gehört:
→ Kerzen werden angezündet. Für jedes Lebensjahr steht eine Kerze; eine größere Kerze kennzeichnet je ein Lebensjahrzehnt. In der Mitte des Kreises dieser Kerzen leuchtet oft eine besonders große Kerze, die das Lebenslicht symbolisiert.
→ Von Angehörigen, Freundinnen und Freunden werden Glück- und Segenswünsche ausgesprochen. Sie machen deutlich, dass die Per-

son, die Geburtstag hat, ein einmaliger, besonderer Mensch ist, der auf dieser Welt willkommen ist. Wünsche und Wertschätzung werden häufig – begleitet von rhythmischem Klatschen – in Liedern zum Ausdruck gebracht. Es heißt dann: »Viel Glück und viel Segen auf all deinen Wegen« oder »Wie schön, dass du geboren bist«.

→ Es werden Geschenke überreicht. Sie sind ein Zeichen dafür, dass der Feiernde achtsam wahrgenommen wird. Die Gabe soll seinen Interessen entsprechen und ihm Freude machen. Sie kann als Hinweis darauf verstanden werden, dass das ganze Leben letzten Endes ein Geschenk ist.

Für viele Trauernde ist durch den schweren Verlust der eigene Geburtstag zu einem großen Problem geworden. Er lässt sich nicht mehr so unbekümmert wie früher feiern. Eine Witwe sagte in einer Trauergruppe: »*Ich wünschte, mein Geburtstag wäre schon längst vorüber. Ich möchte am liebsten diesen Tag durchschlafen oder weit weg in die Ferne reisen, damit ich für niemanden erreichbar bin.*« In der Gruppe wurden dann Erfahrungen und Anregungen ausgetauscht, wie die Planung und achtsame Strukturierung dieses Tages für Leib und Seele Halt und Orientierung geben kann.

In der Zeit der Trauer bietet die bewusste Gestaltung des eigenen Geburtstages folgende Chancen:

PRAXISANREGUNG

1. Die bisherige Lebenszeit kann erinnert werden. Die Kerzen, die für die Jahre stehen, können auf die unterschiedlichen Abschnitte des Lebens aufmerksam machen. Da ist die Zeit, die gemeinsam mit dem verstorbenen Menschen verbracht wurde – mit allen schönen und schwierigen Erfahrungen. Da ist auch die Zeit, in der der Trauernde selbstständig gelebt hat – ohne die geliebte Partnerin, ohne das geliebte Kind. Jetzt kann er – auch wenn das im Schmerz geschieht – an die früheren Entwicklungen anknüpfen, kann die ihm geschenkten Begabungen weiterentwickeln.

7.3. Der eigene Geburtstag in der Trauerzeit

2. Die Einmaligkeit des eigenen Lebens kann stärker bewusst werden. Es zeigen sich die unverwechselbaren Farben der eigenen Geschichte mit ihren Freuden und Leiderfahrungen, mit ihrem Gelingen und Scheitern. Gratulanten können die Besonderheit dieses Lebens bestätigen, sie können auch auf die Wunder und Schätze aufmerksam machen, die in ihm verborgen sind und manchmal ans Licht kommen.
3. Am Geburtstag wird besonders deutlich, dass Verwundungen von Anfang an zum Leben gehören. Bei der Geburt wird die Nabelschnur, die Mutter und Kind verbunden hat, durchschnitten. Als Narbe bleibt bei jedem Menschen der Bauchnabel. Auch spätere Trennungen haben sichtbare und unsichtbare Narben verursacht. Am tiefsten ist jetzt in der Trauer die Verwundung durch den Tod. Trotzdem ist ein Leben mit diesen Wunden möglich.
4. Am Geburtstag wird meist mehr als sonst bewusst, dass die Lebenszeit begrenzt ist. Verlöscht im Sterben das große Lebenslicht endgültig? Oder besteht ein ewiges Licht, das auch in einer jenseitigen Welt leuchtet? Kann es sein, dass wir im Sterben in eine andere Welt hineingeboren werden, von der wir hier kaum etwas ahnen? Bei Bestattungen aus Zeiten von vor 30 000 Jahren wurden Tote so gelegt, dass sie die Haltung eines Kindes im Mutterleib annahmen. Kann der Sterbetag zu einem neuen Geburtstag werden?
5. In Erinnerung an die eigene Lebenszeit und im gedanklichen Vorlaufen bis zum letzten Tag des Lebens kann deutlicher werden, wie kostbar die Gegenwart an jedem einzelnen Tag ist. Das Feiern des Geburtstages kann Anregungen geben, jeden einzelnen Tag bewusst zu gestalten.

8. Spirituelle Quellen in der Trauer

8.1. Religiöse Erfahrungen und Vorstellungen

Für viele Trauernde gewinnen religiöse Erfahrungen eine besondere Bedeutung. Sie eröffnen in Träumen und Tagträumen, Bildern und Symbolen, Berührungen und Begegnungen Dimensionen der Wirklichkeit, die meist so vorher noch nicht zugänglich waren. Ein verwitweter Ingenieur erzählte: »*Seit dem Tod meiner Frau komme ich oft in Welten hinein, von denen ich vorher nichts ahnte. Da begegnen mir Phänomene, die ich mit meinen technischen Methoden nicht erfassen und nicht begreifen kann. Ich muss neu lernen, wie ich damit umgehen kann.*«

Von seinem Ursprung her lässt sich das Wort Religion von dem lateinischen »Religio« ableiten; dieses Wort wiederum hat zwei Ursprünge:

Einmal das Verb »Religere« im Sinne von »bedenken, achtgeben, beachten«. In dieser Bedeutung geht es darum, Riten, Kulte und Gebote achtsam einzuhalten und zu bewahren.

Zum anderen das Wort »Religare« im Sinne von »anbinden, festbinden«. Hier geht es um die persönliche Beziehung und Rückbindung an Gott bzw. um den bergenden Halt im »Sein«.

Beide Seiten von »Religion« können für Menschen in der Trauer wichtig sein. In der Verwirrung nach dem Verlust kommt es zu einer Suche nach Orientierung mit verlässlichen Regeln und Ordnungen, auch mit Raum zum Nachsinnen und Nachdenken. Weiterhin fragen viele in der Krise des Abschieds nach einem Rückhalt, wo sie Geborgenheit und neue Kraft finden können. Zu bedenken ist dabei, dass es in bestehenden Religionen sowohl Licht wie auch Schattenseiten gibt. Es können Zwänge durch alte Gesetze, Ordnungen und Vorstellungen ausgeübt werden, wie z. B. durch das Bild von dem stets strafenden und rächenden Gott. Es kann aber auch zu tröstenden und befreienden Erfahrungen kommen wie z.b. durch den Glauben an einen Gott, der durch Krisen hindurch neues Leben ermöglicht.

Religion bezieht sich auf die tiefen Erfahrungen, die die eigene Existenz betreffen und zugleich die begreifbare gewohnte Realität überschreiten. Sie finden Ausdruck in Bildern und Symbolen. In den Weltreligionen haben sie dann in geregelten Riten, Kulten und etablierten Einrichtungen Gestalt gewonnen; dabei wurden oft die tiefen Erfahrungen verdeckt und die Spielräume eingeschränkt. In Krisenreaktionen werden meist die Überlieferungen und Prägungen wirksam, die bisher das Leben bestimmt haben. Doch ist religiöses Erleben kein automatischer Reflex des Gehirns auf bestimmte Reize, sondern ein bewusstes Verarbeiten von vertrauten Traditionen, die erinnert und damit zur eigenen Person in Beziehung gesetzt werden. Das zeigen auch neurobiologische Untersuchungen. So wurden während der Meditation bei Zen-Buddhisten, denen es primär um Konzentration auf die Leerheit geht, andere Schwingungen gemessen als bei tibetischen Buddhisten, die dem Mitgefühl für alle Wesen Gestalt geben wollen. Durch bildgebende Verfahren wurde bei einer kleinen Gruppe Christen untersucht, zu welchen Prozessen es kommt, wenn sie Psalm 23 »Der Herr ist mein Hirte« laut vorlesen. Bei ihnen wurden die Hirnbereiche stärker mobilisiert, in denen es um Aufmerksamkeit, Bewertung, Selbst- und Fremdwahrnehmung, Lernen und Erinnerung geht. Bei Menschen, die mit der christlichen Tradition nicht vertraut sind und die ebenfalls diesen Psalm lasen, wurden hingegen ganz andere Hirnbereiche aktiviert (vgl. dazu Schnabel 2008, S. 261 ff.).

In der Hirnforschung gibt es Hinweise, dass im Wertesystem diejenigen Bilder und Muster mobilisiert werden, die sich im bisherigen Lebenslauf herausgebildet haben. Neue Erfahrungen können diese Muster erweitern und auch verändern, sodass spirituelle Quellen und Kräfte noch mehr zum Fließen kommen und wirken können. Durch vielfache Wiederholungen können im Wertezentrum Bahnungen und Vernetzungen so gestärkt werden, dass über Bilder, Symbole und Vorstellungen Emotionen gesteuert und mit der Zeit Wege aus der Krise heraus gefunden werden.

Wir gehen im Folgenden von einem weit gefassten Religionsbegriff aus. Im Sinne des Theologen Paul Tillich ist Religion das »Ergriffensein« von dem, was Menschen »unbedingt angeht«.

In der Zeit der Trauer wird oft deutlich, dass die mit religiösen Erfahrungen verbundenen Vorstellungen häufig uralte, in der Vorzeit liegende Wurzeln haben. Wir möchten das am Beispiel von drei Riten und Symbolhandlungen zeigen, die noch heute manchmal von Trauernden unmittelbar nach Eintreten des Todes vollzogen werden.

→ Die Zeiger der Uhr werden angehalten. Die gewohnte Zeit, die sich messen lässt, hört auf. Mit dem Tod beginnt der Übergang in eine andere Zeit. Vielfältigen religiösen Vorstellungen zufolge befindet sich der Verstorbene in einer anderen Welt. Sie wird »Jenseits«, »Anderland«, »Himmel« oder »Ewigkeit« genannt. Auch für die Hinterbliebenen fängt eine andere Zeit an: In ihrem Empfinden läuft sie nicht mehr so weiter wie bisher. Mal scheint sie stillzustehen, mal scheint sie davonzurasen, mal dehnt sie sich unendlich aus. Berichte und Untersuchungen nach Nahtoderlebnissen weisen darauf hin, dass es an der Grenze von Leben und Tod dazu kommen kann, dass eine ausgeprägte Verlangsamung der Zeit wahrgenommen wird. Das geschieht wahrscheinlich dadurch, dass durch Übertragungsstoffe Prozesse in bestimmten Mustern des Gehirns so sehr verlangsamt werden, dass es für manche möglich wird, das Leben nicht wie in einem Film vorbeilaufen zu sehen, sondern wie in einem Panorama Szenen gleichzeitig zu schauen. Auch das sind Hinweise dafür, dass sich im Übergang neue Dimensionen eröffnen können. Ein Witwer erzählte: »*Als meine Frau starb, genau um 4.11 Uhr, da blieb die große Standuhr stehen, ganz von selbst. Ich kann mir das überhaupt nicht erklären. Da sind Kräfte im Spiel, die aus einer anderen Welt kommen.*«

→ Manchmal wird nach dem Tod das Fenster geöffnet. Bei diesem Ritual können unterschiedliche religiöse Vorstellungen eine Rolle spielen: Der Zugang zur anderen Welt wird geöffnet. Die Seele wird hier wie ein Vogel verstanden, der frei in den Himmel fliegen kann.

→ Auch wird zuweilen nach dem Tod der Spiegel verhängt. Ursprünglich geschah das wahrscheinlich, um der Seele einen freien Weg zu öffnen, damit sie sich nicht in den Spiegel hinein verirrt und darin verfängt. Heute können wir das auch als einen Hinweis darauf verstehen, dass es nach dem Tod keine Spiegelungen mehr wie bisher gibt und die Beziehungen, die im gemeinsamen Leben entstanden sind, in neuer Weise einer Klärung bedürfen.

Im weltweiten interkulturellen und interreligiösen Austausch im Zuge der Globalisierung mischen sich viele religiöse Vorstellungen und Rituale. Das wird oft als Herausforderung verstanden, auf dem Markt religiöser Möglichkeiten sich die Symbole und Vorstellungen selbst zusammenzustellen, die zur jeweiligen Situation passen. Für Menschen in Trauer hat das den Vorteil, selbstständig den eigenen Weg zu suchen, der in der Krise persönlich Halt und Orientierung gibt. Allerdings werden manche dieser Symbole, Rituale und Methoden z.B. in den Empfehlungen und Anweisungen von einigen Ratgebern zu sehr aus dem ursprünglichen Zusammenhang herausgerissen: Sie sollen dann oft dem Ziel dienen, auf möglichst schnellem Weg zum »Glück« zu gelangen.

Wie an der Grenze von Leben und Tod religiöse Erfahrungen und Vorstellungen besonders bewusst werden können, zeigt Joachim Faulstich in seinem Buch »Das andere Land«. Er beschreibt die Jenseitsreisen in den Visionen mittelalterlicher Mönche, in der »Anderswelt« der Kelten, im Tibetischen Totenbuch und bei den Schamanen. Sie alle haben Ähnlichkeiten und Entsprechungen mit den Berichten von Nahtoderfahrungen aus unserer Zeit. Sich der Möglichkeit solcher Erfahrungen zu öffnen, ist nicht nur für Sterbebegleitung, sondern auch für die Trauerbegleitung wichtig. Trauernde können dadurch Anregungen erhalten, den Weg der Verstorbenen in einem weiteren Zusammenhang zu sehen und auch den eigenen Weg durch die Trauer hindurch bewusster zu gestalten.

In den Weltreligionen haben religiöse Erfahrungen jeweils in den bestimmten Traditionen ihre Ausprägung erhalten. In Situationen von Trauer kann es aus zwei Gründen wichtig sein, sich mit Weltreligionen zu beschäftigen:
→ In der Religion, die den eigenen Kulturkreis geprägt und z. T. auch das eigene Leben bewusst oder unbewusst beeinflusst hat, können Symbole und Rituale, Räume und Zeiten, Sichtweisen und Vorstellungen liegen, die besonders in der Krise wirksam werden und Halt wie auch Orientierung geben können.
→ Bei Begegnungen mit Menschen, die aus anderen Kulturkreisen stammen, wird die Verständigung erleichtert, wenn Grundkenntnisse über diejenige Religion vorliegen, der der jeweilige Gesprächspartner angehört. Diese Kenntnisse können dann in der Begegnung korrigiert, vertieft und erweitert werden. Dies gilt in besonderer Weise für Situationen in der Trauer. Begleitende können dann besser nachfühlen, warum Trauernde anderer Religionen gerade diese Rituale und Symbole auf ihrem Weg brauchen.

PRAXISANREGUNG

Trauernde können es nach einiger Zeit als fruchtbar empfinden, wenn sie Anregungen von Menschen anderer Kulturen und Religionen erhalten. Es kann z. B. Europäer ermutigen, mit welcher Kraft und welchen Rhythmen Afrikaner oft ihrer Trauer Ausdruck geben. In den vergangenen Jahren zeigten sich einige Trauernde durch den japanischen Film »Nokan – die Kunst des Ausklangs« (2008) berührt. Dieser Film wurde durch die Memoiren eines buddhistischen Bestatters angeregt. Er zeigt, wie ein arbeitsloser Cellist bei einem »Reiseunternehmen« wieder Arbeit findet. Überrascht stellt er dann fest, dass er damit die Aufgaben eines Bestatters wahrnimmt, mit Riten und Symbolen Tote für ihren letzten Weg zu bereiten und dabei die Angehörigen und Freunde zu begleiten. Manche Trauernde und Begleitende aus dem europäischen Kulturkreis wurden dadurch bewegt, den Abschied bewusster zu gestalten und für sich mehr als bisher eine »Zeit des Ausklangs« zu lassen.

Wir beschreiben im Folgenden, wie in den Weltreligionen Judentum, Christentum, Islam und Buddhismus Trauer erfahren, verstanden und gestaltet wird (vgl. dazu Gast et al. 2009, S. 137 ff. u. S. 161 ff.).

8.2. Trauer in den Weltreligionen

Trauer im Judentum

In der Ausübung jüdischer Trauerriten gibt es Unterschiede zwischen orthodoxem, konservativem und progressivem Judentum; doch drei Kennzeichen sind den verschiedenen Richtungen weitgehend gemeinsam:

1. Die Trauernden werden vor allem in der ersten Zeit der Trauer geschützt und entlastet. Die Chevra Kadischa (Heilige Vereinigung) – eine Gruppe ehrenamtlicher Männer und Frauen aus der Gemeinde – übernimmt Aufgaben, die mit der Bestattung zusammenhängen. Auch werden die Trauernden von jüdischen Nachbarn und Freunden unterstützt und begleitet.
2. In Gebeten und Riten wird ein Zusammenhang bewusst gemacht, in dem sich die Trauernden in ihrem Verlust einbezogen und geborgen fühlen können. Als zentrales Gebet in dieser Zeit wird immer wieder das Kaddisch (übersetzt: »Heiligung«) gebetet. In ihm geht es um das Lob Gottes und die Bitte um seine Herrschaft und um Frieden.
3. Es besteht eine deutlich gegliederte Abfolge bestimmter Zeiten, in der die Trauer erst stark, später mit einer abnehmenden Intensität zum Ausdruck kommt. Verschiedene Rituale sind den einzelnen Zeiten zugeordnet.

Folgende Trauerzeiten lassen sich unterscheiden:

→ **Die Zeit unmittelbar nach dem Tod**
Der Leichnam wird auf den Fußboden gebettet; ein Licht wird angezündet und an die Kopfseite des verstorbenen Menschen gestellt.

Die Spiegel werden verhängt, stehendes Wasser im Haus wird ausgegossen. Die Trauernden reißen zu diesem Zeitpunkt, manchmal auch bei Erhalt der Todesnachricht oder bei der Beerdigung, in ein äußeres Kleidungsstück (Hemd, Revers am Anzug) einen symbolischen Riss (Keria) von wenigen Zentimetern. Mit diesem Riss wird der innere Schmerz, der durch Leib und Seele geht, nach außen sichtbar gemacht.

Nachdem der Tote von der Chevra Kadischa gewaschen wurde, wird er mit einem einfachen weißen Gewand bekleidet. Er wird dann in einen schlichten Sarg aus Holz gelegt. Die Bestattung soll nach Möglichkeit innerhalb von 24 Stunden geschehen. Gewöhnlich erfolgt ein Erdbegräbnis auf dem Friedhof, der als »Ewiges Haus – Bet ha Olam« oder als »Haus des Lebens – Bet Chajim« bezeichnet wird. Jüdische Gräber sind »Ewigkeitsgräber« und werden nicht eingeebnet oder neu belegt. In der Aussegnungshalle auf dem Friedhof oder auch direkt am Grab findet das »Trauergebet« statt. Es enthält eine Traueransprache zur verstorbenen Person.

Nachdem der Sarg hinabgelassen ist, werfen alle Anwesenden drei Hände oder Schaufeln Erde auf den Sarg, danach wird das Grab von Gemeindemitgliedern und teilweise auch von den Angehörigen des Verstorbenen zugeschaufelt. Wenn der Sarg ganz mit Erde bedeckt ist, spricht der nächste Angehörige (in der Regel das älteste Kind) des Verstorbenen das Kaddisch. Im konservativen und liberalen Judentum gilt dies für Frauen und Männer, im orthodoxen Judentum dürfen nur Männer hörbar das Kaddisch sagen. Beim Verlassen des Friedhofs stehen Wasser und Schüsseln zur Verfügung. Man wäscht sich die Hände, trocknet sie aber nicht ab: So, wie die Hände langsam trocknen, sich aber sauber anfühlen, wird auch die Trauer langsam vergehen und die reine Erinnerung bleiben. Vielfach ist es auch üblich, etwas Gras auszureißen und es hinter sich zu werfen zur Erinnerung an Psalm 103, 15–17: »Ein Mensch ist wie ein Grashalm ... die Güte Gottes aber besteht immer und ewig ...«. Nach dieser Bestattung gehen die Trauernden nach Hause und beginnen die »Schiwa«.

→ **Die Sieben Tage** (Schiwa)

Der Tag der Bestattung ist gleichzeitig der erste Tag der Schiwa-Zeit, die sieben Tage umfasst. Nach jüdischer Tradition sitzen in diesen Tagen die Trauernden zu Hause auf dem Fußboden oder auf niedrigen Hockern. Sie verrichten keine Arbeit in diesen Tagen. Sie grüßen nicht. Sie schneiden sich weder die Nägel noch Haupt- und Barthaar. Die Haus- oder Wohnungstür steht offen, und es gibt Besuche von Angehörigen, Freunden und Gemeindemitgliedern. Wenn es gewünscht ist, stehen sie den Trauernden bei, hören ihnen zu oder lassen sie einfach ganz in Ruhe und halten sich in einem anderen Raum auf. Sie versorgen die Trauernden mit Essen und Getränken und sprechen das Morgen-, Mittags- und Abendgebet im Trauerhaus; die Trauernden brauchen hieran nicht teilzunehmen, haben aber die Möglichkeit. Während der Sieben Tage brennt eine Kerze in Erinnerung an den verstorbenen Menschen. Unterbrochen wird diese intensive Trauerzeit durch den Sabbat oder durch jüdische Festtage. Am Sabbat wird nicht getrauert.

Manche dieser Bräuche gelten im progressiven Judentum als nicht verpflichtend. Zwar sollen die Sieben Tage beachtet werden, weil dadurch Trauernde ihren Schmerz zum Ausdruck bringen und emotionale wie soziale Unterstützung erfahren können, doch soll das mit ausreichender Flexibilität geschehen, die moderne Lebensbedingungen berücksichtigt. Eine traditionelle Vorschrift, die im progressiven Judentum abgeschafft wurde, ist das Verbot für Trauernde, Bekannte zu grüßen; es wird aber denjenigen gegenüber Verständnis aufgebracht, die wegen ihrer Trauer einen Gruß nicht erwidern. Insgesamt sollen Kontakte und Aussprache gefördert werden, um Isolierung in der Trauer zu überwinden.

→ **Die Dreißig Tage** (Scheloschim)

In diesem ganzen Monat, der vom Todestag an gerechnet wird, scheren Trauernde sich traditionell weiterhin weder Haupt- noch Barthaar und beteiligen sich nicht an weltlichen Festen. Allerdings nehmen sie jetzt ihre Arbeit wieder auf und besuchen wieder regelmäßig die Synagoge.

➜ **Das Trauerjahr** (Awelut)
Dieses Jahr gilt für Söhne und Töchter, die ihren Vater oder ihre Mutter verloren haben; auch für Ehepartner gibt es dieses Jahr in manchen Gemeinden. Eine erweiterte Trauerzeit besteht auch für Eltern, deren Kind gestorben ist; diese Zeit erstreckt sich bis zum Ende des (jüdischen) Jahres, manche halten aber auch ein ganzes Jahr Trauer ein. Im Trauerjahr wird ab dem Tag der Beerdigung elf Monate lang in jedem der drei täglichen Gottesdienste in der Synagoge von Angehörigen ersten Grades des Verstorbenen das Kaddisch gebetet. Es wird empfohlen, während dieser Zeit an keinen weltlichen Festlichkeiten teilzunehmen.

➜ **Die Jahrzeit**
Der erste Jahrestag der Beerdigung wird im deutsch-jüdischen und jiddischen Sprachgebrauch als »Jahrzeit« bezeichnet. Am Tag der Jahrzeit wird – wie während der Trauerwoche und des Trauermonats – im Haus ein Licht entzündet, das mindestens 24 Stunden brennt. An diesem ersten Jahrestag pflegen die Trauernden das Grab zu besuchen, um dort das Kaddisch zu beten. Einige progressive Synagogen versenden Briefe, um ihre Mitglieder an die bevorstehende Jahrzeit zu erinnern und sie darauf hinzuweisen, dass der Name des Verstorbenen vor dem Kaddisch in dem betreffenden Sabbatgottesdienst genannt werden wird.

In der Folgezeit ist es üblich, die »Jahrzeit« (später ist es nicht mehr der Bestattungstag, sondern der Todestag) jährlich zu beachten und das Kaddisch im Gedenken an die gestorbene Person zu beten. Weiterhin gedenkt man der Verstorbenen im Gedenkgebet an Pessach, Schawuot, Sukkot und Jom Kippur (Versöhnungstag).

➜ **Die Setzung des Grabsteins**
Oft am Ende der Dreißig Tage, vielfach erst gegen Ende des Trauerjahres, wird der Grabstein gesetzt. Die Füße und das Gesicht des Verstorbenen sind in dieser Region zum Ausgang des Friedhofs hin, genau nach Osten oder in Richtung Jerusalem gerichtet. Bei östlich von Jerusalem gelegenen Friedhöfen wird genau umgekehrt verfahren. Trauernde legen beim Besuch des Grabes üblicherweise Steine

auf den Grabstein zum Zeichen, dass man sich an den toten Menschen erinnert.

Im Judentum wird Trauernden eine Begleitung angeboten, die ihnen Schutz und Gemeinschaft geben kann. In der Ausrichtung auf Gott und auch auf Jerusalem erhalten diejenigen Trauernden Orientierung, die mit den jüdischen Traditionen vertraut sind. Durch Symbole (z.b. Riss in der Kleidung) kann der Trauer und dem Schmerz Ausdruck gegeben werden. Durch das regelmäßige Beten (vor allem des Kaddisch) kann es zur Stabilisierung kommen. Der Sabbat als Feier- und Ruhetag unterbricht die Trauer immer wieder. So kann einer »Überschwemmung« durch schmerzhafte Gefühle vorgebeugt werden. Insgesamt wird die Zeit der Trauer begrenzt, damit sich Trauernde wieder dem Leben mit seinen Aufgaben zuwenden. Die Verstorbenen sind dann in Erinnerung dabei, sie sollen aber nicht das Leben bestimmen. Allerdings stellt sich die Frage, ob die angegebene Zeit für die Dauer der öffentlichen Trauer wirklich ausreicht. So sind bei Verlust des Ehepartners oder der Ehepartnerin als Trauerzeit, die in der Gemeinschaft gestaltet wird, in vielen jüdischen Gemeinden nur dreißig Tage vorgesehen.

Trauer im Christentum

Im europäischen Kulturkreis fühlen sich Menschen, die in eine schwere Krise geraten, oft von christlichen Traditionen angesprochen. In diesen Überlieferungen liegen Symbole und Rituale, Räume und Wege. Sie ermöglichen es, schwere Verlusterfahrungen auszuhalten, zu bearbeiten und in das Leben einzubeziehen. Karfreitag, Ostern und Weihnachten haben in Deutschland schon dadurch Bedeutung, dass sie als öffentliche Feiertage gelten und sie für die meisten frei von gewohnter Arbeit sind. Viele verbinden mit diesen Tagen bestimmte Erinnerungen, Symbole und Riten (vgl. dazu S. 104 f.). Doch nur wenigen ist bewusst, dass es in dem Geschehen von Passionszeit und Ostern ursprünglich darum geht, das Leiden und den Tod Jesu zu erinnern und durch Mitfühlen und Trauern hindurch neues Leben zu finden. Auch die Weihnachtsgeschichte ist ursprünglich in solchem Zusammenhang zu sehen: In dem Kind, das unterwegs im Futtertrog geboren wird und das die Gewalthaber töten wollen, beginnt eine neue Wirklichkeit, in der Wunden geheilt und Anfänge möglich werden.

▶▶ *Eine Witwe erzählte:* »*Diesmal hatte ich vor Weihnachten große Angst. Weihnachten sollte doch so glücklich und harmonisch sein, doch jetzt ohne meinen Mann ist das alles nur ein großer Scherbenhaufen. Ich wünschte, dieses Jahr sollte es einfach ausfallen. Dann aber erinnerte ich mich daran, dass es Maria und Joseph damals ja so ähnlich ging. Sie waren auf der Flucht, verwirrt und verfolgt. Sie saßen auch auf einem Scherbenhaufen wie ich. Da wurde ihnen trotzdem das Kind geboren. Ich merkte dann, dass zu Weihnachten ja gar nicht alles so ordentlich und perfekt sein muss. Ich zündete ein Licht an – ich auf meinem Scherbenhaufen. Da kann ja auch bei mir was Neues anfangen.*«

Die Verfasser biblischer Geschichten wollten nicht nur das aufzeichnen, was damals in der Zeit Jesu geschehen war. Sie wollten dabei auch ihre eigenen schweren Verlusterfahrungen bearbeiten. Sie erinnerten ihre Erfahrungen und teilten sie anderen mit. Dabei hat es sich als sehr wirksam erwiesen, die Erfahrungen aufzuschreiben (vgl. S. 69). Die Freundinnen und Freunde Jesu hatten ihre Existenz mit Jesus verbunden und auf ihn ihre Hoffnung gesetzt. Wie können sie jetzt mit diesem Verlust leben? Am Weg von Petrus, Maria und Johannes wird gezeigt, wie trotz dieses Todes Leben gelingen kann. Am Weg des Judas wird deutlich, wie Leben zerbrechen kann. Trauernde können sich in ihrer eigenen Trauer an diesen Personen orientieren, sie können sich mit ihnen auseinandersetzen und sich auch von ihnen abgrenzen.

Die Evangelisten wollten vermitteln, dass durch Krise und Tod hindurch neues Leben möglich wird. Die Geschichten werden oft so erzählt, als ob sie sich in der Gegenwart abspielen. In dem Wort »heute« wird die Vergangenheit präsent: Bei der Geburt Jesu heißt es: »Euch ist heute der Heiland geboren« (Lukas 2,11) Jesus sagt am Kreuz zu dem Sterbenden neben ihm: »Heute wirst du mit mir im Paradiese sein.« (Lukas 23,43) Wer immer das liest und hört, wird damit so angesprochen, dass diese Worte gerade jetzt in seiner Gegenwart zur Sprache kommen.

In den Prozessen der Trauer, wie sie in den Evangelien beschrieben werden, können sich Trauernde wiederfinden. Dadurch können sie bewusster ihren eigenen Weg durch die Trauer wahrnehmen und ihn gestalten.

➜ **Das Wechselspiel von Vermeidung und Auseinandersetzung**
Der Weg der Jünger durch Passion und Trauer ist zunächst durch »Vermeidung« gekennzeichnet. Das ganze Ausmaß des Verlustes wird ihnen noch nicht bewusst. Bestimmte seelische und körperliche Mechanismen schützen vor dem totalen Zusammenbruch. Die Geschichte, in der Petrus dreimal abstreitet, Jesus überhaupt zu kennen, führt das deutlich vor Augen. Am Ende, als der Hahn dreimal kräht, wird Petrus bewusst, dass er der Wirklichkeit ausweicht, sie ihn aber doch wieder einholt. Der Schmerz zeigt ihm, dass ein anderer Umgang mit der Situation notwendig ist. Er kann seiner Trauer Raum geben und weint. Auch die anderen Jünger und Jüngerinnen befinden sich in solchem Wechselspiel zwischen Vermeidung und schmerzhafter Erinnerung. Das Lesen, Hören und bildhafte Vorstellen solcher Geschichten kann dazu beitragen, dass Trauernde sich in der eigenen Trauersituation nicht allein fühlen und im Wechselspiel von Vermeidung und Auseinandersetzung ihren eigenen Weg durch die Trauer finden.

➜ **Anspannung und Kraftholen**
Von Jesus wird berichtet, dass er sich dem Elend der Menschen aussetzt. Zugleich zieht er sich immer wieder in die Einsamkeit zurück, manchmal in die Wüste (Markus 1,13), manchmal auf einen hohen Berg (Markus 6,46). Dort betet er und schöpft Kraft, um sich dann wieder den Menschen mit ihren Verletzungen zuzuwenden. Auf dem Weg der Passion gibt es eine Unterbrechung: Jesus geht mit seinen Jüngern in den Garten Gethsemane. Der Garten ist ein Rückzugsort, er hat wie der Garten Eden am Anfang der Welt eine doppelte Bedeutung: Er ist Lebensraum Gottes für den Menschen

und zugleich Ort der Versuchung und der Zerrissenheit. In diesem Garten schlafen die Jünger und schließen die Augen vor dem bedrohlichen Geschehen. Mitten in den Konflikten holen sie sich Ruhe. Jesus dagegen bleibt wach und betet. In der Einsamkeit setzt er sich mit der Situation und mit Gott auseinander. Er holt sich die Kraft, die er für seinen schweren Weg braucht. Am Ende heißt es, dass ein Engel kommt und ihn stärkt (Lukas 22.43).

→ **Orientierung und Stabilisierung**
In den Geschichten von der Passion befinden sich die Jünger und Jüngerinnen meist gemeinsam auf dem Weg, manchmal suchend und fragend, manchmal verstreut und zersplittert, manchmal in sich abgeschlossen. Als sich die traumatisierten Jünger zusammen in dem Raum eingeschlossen haben, stockt der Prozess, sie können einander – jeder in seiner schweren Verletzung – nicht aus dem Trauma heraushelfen. Jesus erscheint hier, wie auch in anderen Geschichten, selbst als der Begleiter, der fragend, herausfordernd, ermutigend und wegweisend aus Abkapselung und Erstarrung herausführt und Prozesse der Trauer und der Lösung in Gang setzt. Dabei weist Jesus Versuche, ihn fassen und festhalten zu wollen, immer wieder zurück; er entzieht sich, damit es wirklich zu einer Lösung kommt.

In den Evangelien bietet das heilige Mahl einen »sicheren Ort«. Dieses Mahl knüpft an die Mahlgemeinschaft mit Jesus an. Nach der Überlieferung von Markus, Matthäus, Lukas und auch Paulus brach Jesus im Abendmahl das Brot mit seinen Jüngern und gab ihnen den Kelch. Er verwirklichte so in Aufnahme alter jüdischer Traditionen den »Neuen Bund« als Gemeinschaft zwischen Gott und den Menschen. Dieses Mahl wird für Christen der Ort, wo sich in Erinnerung und Vergegenwärtigung die Gemeinschaft erneuert und stabilisiert. In der Abendmahlsliturgie, wie sie sich später entwickelt hat, wird zugleich auch an die Menschen gedacht, die bereits gestorben sind. Das Trauma von Leid, Verrat und Tod wird in dieser Feier aufgenommen. Es wird in den Zusammenhang der Geschichte Jesu gestellt und in der Hoffnung auf eine Zukunft bewältigt, die von der Auferstehung und neuem Leben bestimmt ist.

Im Prozess der Trauer wandeln sich oft die Erfahrungen und die Vorstellungen von Gott. Menschen, die an Gott glauben, können in ihm den umfassenden Sinnzusammenhang sehen, in dem sie sich geborgen und aufgehoben fühlen. Durch Erfahrung des schweren Verlustes scheint für viele dieser Zusammenhang zunächst radikal durchbrochen und zerbrochen zu sein. Wohin können sie sich jetzt wenden? Die Vorstellungen vom stets gütigen, allwissenden und allmächtigen Vater und das Bild von der zärtlichen, stets beschützenden Mutter sind fragwürdig geworden. Gott erscheint jetzt als diejenige Macht, die unfassbar Schreckliches zulässt und sogar selbst verursacht.

Die alte Frage nach dem »Warum«, die Jesus am Kreuz ausspricht, lässt sich angesichts dieses unbegreiflichen Todes nicht mehr beantworten. Wo ist Gott jetzt? Existiert er überhaupt? Für manche Trauernde erhält nun die »Klagemauer« eine große Bedeutung. Gegen diese Mauer können sie ihren Zorn, ihre Anklagen und ihre Fragen werfen, ähnlich wie es im Buch Hiob, in den Psalmen und auch in den Passionserzählungen geschieht. In einer Trauergruppe ermutigte einer den anderen: »*Du kannst das alles bei Gott loswerden, so hart, wie du willst. Er hält das aus.*« Eine Frau, die ihre Tochter verloren hatte, sagte, dass sie sich voller Wut gegen den Gott richtet, den sie aber als einzige Zuflucht dringend braucht: »*So wende ich mich gegen Gott und dann wieder zu Gott hin. Ist das nicht ein Widerspruch?*«

In dem Prozess der Trauer kann noch eine andere Vorstellung von Gott erfahrbar werden: Gott ist selbst verletzt und leidend mitten in der schrecklichen Verlusterfahrung. Das Bild vom »verwundeten Heiler« wird lebendig. Als Jesus verwundet und gekreuzigt wird, zerriss der Vorhang des Tempels »in zwei Stücke von oben an bis unten aus«. (Matthäus 27,51) Hier offenbart sich Gott, wie er ist: Nicht der Gott, der oben allmächtig über alles Leid erhaben ist, sondern der Gott, der selbst in das Leid hineingeht und dort mitleidet, wo Menschen verletzt und getötet werden. Er selbst begleitet die Trauernden, dass sie durch die Krise hindurch neues Leben finden. Nach biblischer Überlieferung ist er der Schöpfer, der in jedem Menschen in Leib und Seele wirkt und das Leben in der Bedrohung bewahrt.

Gegen Ende der Offenbarung des Johannes steht die Vision: »Gott wird abwischen alle Tränen von ihren Augen« (Offenbarung 21,4). Hier zeigen sich wieder mütterliche und auch väterliche Vorstellungen von Gott, allerdings Bilder, die durch den bewussten Durchgang durch die Trauer gegenüber dem frühkindlichen Verständnis vertieft und erweitert werden.

Im Christentum geht es um den Glauben an den Gott, der durch die Krise des Kreuzes hindurch zu neuem Leben erweckt und so weiten Raum eröffnet. Dieses Geschehen wird jedes Jahr besonders in der Passions- und Osterzeit erinnert und vergegenwärtigt. Trauernde, denen christliche Tradition vertraut ist oder sich neu erschließt, können sich in verschiedenen Gestalten (Maria, Petrus, Judas, Johannes ...) wiederfinden, auch können sie Symbole entdecken, die sie in ihrer Situation ansprechen, z.B. das Kreuz als Lebensbaum. Sie können für sich allein im Kirchenraum Ruhe und Besinnung finden; sie können auch in Gottesdiensten alter und neuer Form Gemeinschaft erfahren.

Das gilt auch für die Feiern unmittelbar nach dem Tod (vgl. S. 113 f.); in evangelischen Kirchen werden Trauergottesdienste, in katholischen Kirchen werden »Totenmessen« (Requiem) gefeiert.

Vielfältige Rituale und Symbole ermöglichen es Trauernden, sich in ihrer Situation aufgenommen zu fühlen. Sie können ihre Schmerzen zum Ausdruck bringen und zu neuen Räumen des Lebens gelangen.

▶▶ *Eine Witwe erzählte kurz nach dem Tod ihres Mannes:* »*Jetzt habe ich meinen Garten neu gestaltet; Blumen habe ich so gepflanzt, dass ein Halbkreis entstand. Dort in die Mitte hinein habe ich ein Holzkreuz gestellt. Wenn ich jetzt auf den Garten blicke, sehe ich durch dieses Kreuz hindurch den Horizont ganz neu. Irgendwo weit dahinter ist mein Mann gut aufgehoben.*« *Eine Mutter berichtete von ihrer Erfahrung während der Ostertage:* »*Vor einem Jahr in dieser Zeit lag meine Tochter im Ster-*

ben. Da war der Tulpenbaum im Garten abgebrochen. Jetzt an diesem Osterfest blüht wieder ein Zweig.«

Trauer im Islam

Es kennzeichnet den Islam, dass es in ihm auch in Abschied und Trauer um die Hingabe an Allah geht, der allmächtig und barmherzig ist. Innerhalb des Islams gibt es verschiedene Richtungen; entsprechend vielfältig sind auch die Weisen zu trauern. So wird im orthodoxen sunnitischen Islam meist darauf geachtet, sich beim Äußern von Klage zurückzuhalten; dagegen kommt es im schiitischen Islam sowie im »Volksislam« Anatoliens oft zu intensiven Äußerungen von Trauer. Im Folgenden wenden wir uns zunächst dem sunnitischen Islam zu, wie er auch von vielen aus der Türkei stammenden Migranten in Deutschland praktiziert wird.

In der Zeit des Sterbens und unmittelbar nach dem Eintreten des Todes ist es Brauch, dass die 36. Sure (Yasin) zitiert wird; darin kommt zum Ausdruck, dass Gott die Toten belebt. Die bedrohliche Situation des Todes wird in den großen Zusammenhang von Gottes schöpferischem Handeln in Vergangenheit, Gegenwart und Zukunft gestellt. So bald wie möglich soll die Bestattung erfolgen. Die Waschung des Toten dient der rituellen Reinigung des Verstorbenen; der Leichnam wird danach in das Leichentuch gewickelt. Anschließend wird das Totengebet gehalten in der Moschee oder auf dem Gräberfeld; hieran können sowohl Männer wie Frauen teilnehmen, jedoch voneinander getrennt. Das Bittgebet für den Verstorbenen, das dann gesprochen wird, enthält die Bitte, dass Gott sich seiner erbarmen und ihn bewahren möge. Im Anschluss an das Totengebet stellt der Hoca oder Imam (Vorbeter) an die Anwesenden die Frage, ob sie ihre Ansprüche an den Toten als endgültig abgegolten erklären und sie ihn somit schuldenfrei aus der Gemeinschaft entlassen (vgl. dazu S. 66). Nach dieser Verabschiedung wird der Tote auf einer Bahre von Männern zum Grab getragen. Es wird als verdienstvoll angesehen, die Bahre einen Teil des Weges mitzutragen. Damit viele die Möglichkeit haben, sich daran zu beteiligen, wechseln sich die Träger oft ab. Frauen können ebenfalls den Trauerzug begleiten, sie halten aber Abstand. Die muslimischen Gräber sind alle nach Mekka hin ausgerichtet. Der Tote wird so in das Grab gelegt, dass sein Kopf nach Mekka gewandt ist. Damit wird die Verbindung der Gemeinschaft der Muslime bekräftigt, denn der heilige Ort Mekka ist das religiöse Zentrum des Islams; in der Trauer ist Orientierung möglich. Das Wort »Bismillah« (»im Namen Gottes des Erbarmers, des Barmherzigen«) wird gesprochen, dann schütten die Anwesenden Erde auf das Grab; oft besteht der Brauch des dreimaligen Erdwurfs.

Für die Trauernden sind nach der Grablegung im orthodoxen Islam Trauerzeiten und Trauerverhalten nicht genau festgelegt, sie werden eher vom »Volksislam« bestimmt. Wichtige Abschnitte stellen der 3. bis 10. Tag nach dem Tod dar, dann der 40. Tag, in manchen Gegenden auch der 52. Tag. Vom ersten Tag nach der Grablegung an versammeln sich im Haus des Verstorbenen Angehörige und Freunde, es werden Koranverse rezitiert, besonders Sure 36, auch wird des Toten gedacht. Am 40. Tag steht das Gedenken an den Toten im Zentrum. Angehörige und Freunde kommen im Trauerhaus zusammen, oft wird die Lieblingsspeise des Verstorbenen angeboten. Koranverse werden gelesen, für den Verstorbenen wird gebetet; oft kommt es auch zu einer Zeremonie auf dem Friedhof. Manchmal findet eine solche Feier auch am 1. Jahrestag nach dem Tod statt.

Eine besondere Bedeutung in der Trauerzeit haben die großen islamischen Feste Kurban (Opferfest) und Ramadan. Das erste Fest nach dem Tod wird als »Trauerfest« begangen. Am ersten Tag des Festes wird nach einem gemeinsamen Mahl, an dem möglichst viele Angehörige teilnehmen, die Grabstätte besucht; dort wird des Toten gedacht und Koranverse werden zitiert. In manchen Gegenden der Türkei kommt es bei diesen Trauerfeiern zu Totenklagen. Dabei wird manchmal von einem nahen Angehörigen ein Trauergesang für den Toten angestimmt, in dem auch an die Geschichten erinnert wird, die gemeinsam mit dem Verstorbenen erlebt wurden (Blach 1996, S. 49).

Gibt es im Islam Geschichten, auf die sich Klage und Trauer beziehen können? Die Überlieferungen von Jesu Tod kommen für

Muslime nicht in Betracht. Dem Koran zufolge wurde Jesus zwar wie andere Propheten verfolgt; seine Gegner wollten ihn töten. Dann heißt es in Sure 4,159 ff.: »Sie haben ihn aber nicht wirklich getötet, sondern Allah hat ihn zu sich erhoben.« So hat Gott Jesus vor Leid bewahrt.

Im Blick auf die Frage, wie Schmerzen ausgehalten werden können, ist für manche Muslime eine andere Geschichte aus der Tradition wichtig, die Christen und Muslime gemeinsam haben. Es handelt sich um die Erzählung von Jesu Geburt. Im Koran wird Maria als Jungfrau angesehen; das Kind in ihrem Leib ist unmittelbar von Gott erschaffen. Als das Kind geboren werden sollte, zog sich Maria nach Aussagen des Korans an einen entlegenen Ort zurück. Unter dem Stamm einer Palme befielen sie die Wehen der Geburt. Da sagte sie: »O wäre ich doch längst gestorben und ganz vergessen.« (Sure 19, 24) In ihrem Schmerz und ihrer Verzweiflung hörte sie eine Stimme: »Sei nicht betrübt, schon hat dein Herr zu deinen Füßen ein Bächlein fließen lassen, und schüttle nur an dem Stamme des Palmbaumes, und es werden genug reife Datteln auf dich herabfallen. Iss und trink und erheitere dein Auge.« (Sure 19,25 ff.) Der islamische Dichter und Theologe Mevlana Jalaladdin Rumi (1207–1273), der in seiner Lebensgeschichte schweren Verlust und Trauer erfahren hatte, bezog sich auf diese Geschichte, indem er über den Schmerz schrieb:

»*Der Schmerz ist es, der den Menschen den Weg weist. In welcher Angelegenheit auch immer – er wird diese nicht in Angriff nehmen und sie wird ohne Sehnsucht nicht zur Verwirklichung gelangen, denn vorher muss der Schmerz, die Liebe und Sehnsucht nach der Sache aus dem Herzen erwachsen. Maria musste erst von den Wehen übermannt werden, bis sie jenen schicksalsträchtigen Baum aufsuchte ... Durch jenen Schmerz wurde sie zum Baum geleitet und der vertrocknete Baum trug Früchte. Unser Leib gleicht der Maria, und ein jeder von uns birgt seinen Jesus. Wenn uns nun der Schmerz heimsucht, wird unser Jesus geboren. Wenn sich aber kein Schmerz einstellt, kehrt Jesus über jenen verborgenen Kanal, aus dem er gekommen war, wieder zu seinem Ursprungsort zurück. In diesem Falle werden wir seiner verlustig und müssen ihn fortan entbehren.«*[1]

Die Geschichte von Jesu Geburt bietet Möglichkeiten, mit dem eigenen Schmerz sich in Maria wiederzufinden. Dann kann auch in der eigenen Gegenwart Jesus zur Welt kommen; die Stimme ist zu hören, die in Verzweiflung ermutigen kann. Die Symbole von der fließenden Quelle und von dem Früchte bringenden Baum können alle Sinne ansprechen und Kraft geben. So kann der eigene Schmerz ertragen und ausgehalten werden, bis er sich löst – in der Erzählung von Maria und auch in der eigenen Lebensgeschichte.

Eine weitere islamische Überlieferung kann dazu beitragen, eigene Trauer zu äußern und durch sie hindurchzugehen: Von Sunniten wie von Schiiten wird das Ashure-Fest gefeiert. Dabei geht es um die Bewahrung in einer Katastrophe und um die Befreiung aus großer Not; das bezieht sich auf die Katastrophe der Sintflut und den neuen Anfang mit Noah, auf den Durchzug durch das Meer bei der Befreiung aus der Sklaverei in Ägypten und auch auf die Ermordung von Hussein, dem Enkel von Mohammed und dem Sohn von Ali. Hussein wurde mit 72 Gefährten in der Schlacht von Kerbala im Jahre 680 umgebracht. Ashure wird am 10. Tag des islamischen Monats Muharram als »Trauertag« begangen. Der einzelne Muslim kann sich mit seiner persönlichen Situation in die Gestaltung dieses Festes einbringen.

Im schiitischen Islam spielen die Erinnerung und die Vergegenwärtigung der Ermordungen in Kerbala, das im Süden des heutigen Irak liegt, eine besondere Rolle. Durch zahlreiche Anschläge seit Beginn des Irakkriegs 2003 in und um Kerbala, die Traumatisierung und Trauer auslösen, erhält die Feier eine alarmierende Aktualisierung. Bei den Schiiten geht dem Ashure-Fest eine zehntägige Trauerzeit mit Fasten voran. Dabei werden Geschichten von Märtyrern bei intensiver emotionaler Beteiligung der Zuhörerschaft vorgelesen; es kommt zu »Passionsspielen« (ta'ziya) und Prozessionen, in denen sich auch Teilnehmer durch Geißelungen Schmerzen zufügen. Dabei wird ein

---

[1] Aus: Mevlana Jalaladdin Rumi, Fihi ma fih, hg. und kommentiert von Husain Ilahi Qumshah'i, Teheran 1378/1999, S. 14, übersetzt von N. Purnaqcheband.

ungesatteltes Pferd mitgeführt, das an den Mahdi (Messias) erinnert, der noch in der Verborgenheit weilt, dessen Ankunft aber ersehnt und erwartet wird. So steht die Erfahrung von Schmerz und Trauer im Zusammenhang einer Perspektive von Lösung und Befreiung.

Der Umgang mit Trauer ist bei vielen Muslimen durch folgende Merkmale gekennzeichnet:

→ Die Hingabe an Gott stellt Tod, Abschied und Trauer in einen großen Zusammenhang und eröffnet die Perspektive von Gerechtigkeit und Barmherzigkeit.

→ Durch Wiederholen von Worten (Eröffnungssure, Bismillah) und vertrauten körperlichen Bewegungen im rituellen Gebet wird auch in der Zeit der Trauer dieser Glaube bestärkt.

→ Die gemeinsame Ausrichtung nach Mekka als religiösem Zentrum kann in der Trauerzeit Orientierung geben.

→ Es gibt, regional unterschiedlich, bestimmte Tage besonderer gemeinsamer Erinnerung. Dabei spielt der 40. Tag oft eine besondere Rolle. Das ist eine Zeit, die meist notwendig ist, damit neue Bahnungen nachhaltig entstehen können.

→ Es gibt in den verschiedenen Richtungen des Islams Traditionen, Geschichten und Rituale, in denen sich einzelne und auch Gemeinschaften in ihrer Trauer wiederfinden können und einen Weg durch Schmerzen hindurch zur Lösung und Befreiung gehen können.

Trauer im Buddhismus

Die Auseinandersetzung mit der Begrenztheit des eigenen Lebens und mit dem Tod stand ursprünglich an dem Beginn des Weges von Siddhartha Gautama, der vor etwa 2500 Jahren in Indien lebte. Der Legende nach begegnete er an den drei Tagen, an denen er erstmals den geschützten Palast verlassen hatte, einem Kranken, einem Greis und schließlich einem Leichenzug. Ihm wurde bewusst, dass jeder Mensch sterben muss. Nach langer Suche gewann er bei der Meditation unter einem Baum die Erkenntnis, woher das Leiden komme und wie es aufgehoben werden könne. So wurde er zum »Buddha«, zum Erleuchteten. Gemeinsame Grundlage des Buddhismus sind die vier edlen Wahrheiten:

→ Das Leben im Daseinskreislauf ist letztlich leidvoll; das soll erkannt werden.
→ Ursachen des Leidens sind Gier, Hass und Verblendung; sie sind zu überwinden.
→ Erlöschen die Ursachen, erlöscht auch das Leiden; das ist zu verwirklichen.
→ Zur Erlöschung des Leidens führt der Achtfache Pfad, er ist zu gehen.

Die letzten beiden Stufen dieses Pfades sind rechte Achtsamkeit und rechte Sammlung durch Konzentration und Meditation.

Im Buddhismus geht es also darum, das Begehren zu lassen und nicht mehr anzuhaften an dem, was Leiden verursacht. Dann besteht die Möglichkeit, den Kreislauf der Wiedergeburten (Samsara) zu verlassen und ins Nirvana zu gelangen, das als »Erlöschen« und als »Aufhebung aller Trennungen«, im Mahayana-Buddhismus auch als »Erfahrung des Einsseins mit dem Absoluten« bezeichnet wird. Welche Bedeutung kann Trauer im Buddhismus haben? Gehört sie zu den Gefühlen des »Anhaftens«? Kommt in ihr das Begehren zum Ausdruck, das den verstorbenen Menschen eben nicht loslassen, sondern festhalten will?

In den unterschiedlichen buddhistischen Richtungen gibt es zu dieser Frage ganz verschiedene Einstellungen und Haltungen. Viele Zen-Buddhisten meditieren in der Weise, dass sie frei werden wollen von allen Stimmungen, Einfällen, Bildern und Vorstellungen. Gefühle wie Trauer können zwar wahrgenommen werden, es geht aber darum, sich ihnen nicht auszuliefern. Manche Zen-Buddhisten nutzen dabei die Methode des »inneren Beobachters«: Alles wird nur zur Kenntnis genommen, nicht bewertet: Gefühle steigen auf und gehen wieder. Nach einiger Zeit schwindet dieser Beobachter, und die Meditation wird frei von Anhaftungen. Auch außerhalb der Meditationszeiten besteht das Ziel, sich nicht zu stark von Gefühlen, also auch nicht von der Trauer, bewegen zu lassen. Der Buddhist F. Ostaseski, der das Zen-Hospiz-Projekt in San Francisco gegründet und geleitet hat und durch den 14. Dalai Lama geehrt wurde, misst der Trauer hingegen eine entscheidende Bedeutung zu: Für ihn kann Trauer »die größte Erfahrung der Heilung in einem Leben« sein:

»Sie ist gewiss das heißeste Feuer, auf das wir stoßen. Sie durchdringt die harten Schichten unseres Selbstschutzes, taucht uns in Schmerz, Angst und Verzweiflung, die wir zu vermeiden versuchten. Trauer ist unvorhersehbar, unkontrollierbar. Bei Trauer gibt es keine Abkürzungen. Der einzige Weg geht mitten hindurch ... In der Trauer erlangen wir Zugang zu Teilen von uns selbst, die irgendwie in der Vergangenheit für uns nicht erreichbar waren. Mit Achtsamkeit wird die Reise durch die Trauer ein Weg zur Ganzheit.« (Ostaseski 2005, S. 20 ff.)

In Teilen von buddhistischen Traditionen hat sich eine Alternative zum eigenen Weg in das Nirvana herausgebildet, die eine erhebliche Wirkung auf den Umgang mit Trauer und auch auf die Begleitung von Trauernden hat. Von vielen Buddhisten in Ostasien, besonders in Tibet, in Japan, in China und Korea, wird der Bodhisattva Avalokiteshvara angerufen und verehrt, der Dalai Lama wird als Inkarnation des Avalokiteshvara angesehen. Nach der Überlieferung soll der Bodhisattva sich entschieden haben, nicht für immer in das Nirvana einzugehen, bevor nicht alle leidenden Wesen erlöst sind. Im Mitfühlen will er diesen Wesen beistehen.

Nach der Legende soll Avalokiteshvara als Prinz den Eid geleistet haben, niemals nachzulassen, allen Wesen Beistand zu ihrer Befreiung zu geben; sonst würde er in tausend Stücke zerspringen. Er sah aber, wie bei aller Befreiung eine Unzahl leidender Wesen nachgekommen waren. Er zweifelte kurz daran, seinen Eid erfüllen zu können, und zersprang in tausend Stücke. Buddha Amitabha soll dann Avalokiteshvara wieder zusammengesetzt und ihm tausend Arme jeweils mit einem Auge in den Handinnenflächen gegeben haben.

In dieser Tradition des Mitfühlens wenden sich viele Buddhisten Sterbenden zu; nach dem Tod begleiten sie den Verstorbenen weiter. Im Folgenden wird dargestellt, wie das im tibetischen Diamant-Buddhismus (Vajrayana) geschieht:

Die Begleitung von Sterbenden, die dem Buddhismus angehören, geschieht achtsam und mitfühlend, sie werden an die drei Juwelen des Buddhismus, nämlich Buddha, Lehre (Dharma) und Gemeinschaft (Sangha), erinnert. Vertraute meditative Texte werden gesprochen. Lautes Klagen ist in dieser Situation zu vermeiden, damit der Sterbende nicht »anhaftet«, sondern sich lösen kann. Nach dem Tod darf der Verstorbene eine halbe Stunde lang nicht berührt werden, denn sein Bewusstsein ist noch wach, es könnte irritiert werden. Stattdessen werden Wünsche mitgegeben, Verse aus dem Tibetischen Totenbuch werden rezitiert. Es stammt aus dem 8. Jahrhundert und wird auch als »Das Große Buch der Natürlichen Befreiung durch Verstehen im Zwischenzustand« bezeichnet. Dieser Zwischenzustand (Bardo) liegt zwischen dem vergangenen Leben und der Wiederverkörperung in einen neuen Körper. Die Worte, die dem Verstorbenen in den ersten Tagen nach seinem Tod vorgelesen werden, sollen ihn durch zum Teil beängstigende Erfahrungen im Zwischenzustand hindurch dahin geleiten, dass er die Befreiung erlangt und im wahren Licht bleibt. Gelingt das nicht, soll er in Richtung einer Wiedergeburt gewiesen werden, die seine Entwicklung weiter fördert. In einer Anrufung, die bald nach dem Tod rezitiert wird, heißt es: »Oh ihr Buddhas und Bodhisattvas der zehn Richtungen; allwissend, allsehend und allliebend, seid ihr die Zuflucht aller Wesen! Bitte kommt kraft eures Mitgefühls an diesen Ort. ... O ihr Erbarmenden, dieser Mensch ... geht von dieser Welt ins Jenseits, verlässt diese Welt, tritt die große Reise an. ... Schützt sie! Seid ihre Gefährten! Bewahrt sie vor der großen Dunkelheit des Zwischenzustands.« (Das Tibetische Totenbuch, S. 164) In den folgenden Tagen werden immer wieder Worte aus dem Totenbuch rezitiert, die auf den jeweiligen Abschnitt der »Reise« durch den Zwischenzustand bezogen sind. Die Hinterbliebenen können den Verstorbenen auf der Suche nach Orientierung unterstützen: Sie stellen z. B. Bilder auf, die an vergangene Erlebnisse erinnern. Die Reise dauert insgesamt 49 Tage. Wenn der Verstorbene keinen Eingang in das Nirvana findet, gelangt er zu einer Wiederverkörperung, die seiner Entwicklung entspricht.

Die Bestattungsweisen im Buddhismus sind vom regionalen Brauchtum geprägt; verschiedene kulturelle und auch vorbuddhistische religiöse Traditionen wirken auf die Vorstellungen und Rituale ein. Im tibetischen Buddhismus muss der Tote innerhalb von drei Tagen bestattet werden, sonst muss mit der Bestattung bis zum 49. Tag gewartet werden. Oft werden die Toten verbrannt, die Asche wird ins Meer oder in die Flüsse gegeben, auch wird sie vom Wind weggeweht; in Japan wird sie in Urnen gefüllt, die in besonderen Bauten aufbewahrt werden. Im Buddhismus werden für Verstorbene, die eine fortgeschrittene Verwirklichung erlangt haben, oft aufwendige Stupas angelegt, in denen sich die körperlichen Überreste befinden. In manchen Traditionen ist auch Erdbestattung üblich; manchmal werden die Toten in der Fötushaltung begraben, das kann auf die Wiedergeburt hinweisen. In Tibet können Tote in einer »Himmelsbestattung« den Geiern übergeben werden. In Thailand wird ein Bestattungsfest oft fröhlich gefeiert. Auf einer geschmückten Trage wird der Tote zum Ort der Verbrennung gebracht; Gebete werden rezitiert, an die »drei Juwelen«, nämlich Buddha, Lehre und Gemeinschaft, wird erinnert. Häufig wird dieses Fest mit Musik, einem gemeinsamen Mahl, zuweilen auch mit einem Feuerwerk gestaltet (Schwikart 1999, S. 90 ff.).

Der Umgang mit Trauer im Buddhismus lässt sich bei Berücksichtigung von Unterschieden in den verschiedenen Traditionen durch folgende Merkmale kennzeichnen:

→ Der Tod wird als Möglichkeit zum Eingang ins Nirvana oder als Chance zur Weiterentwicklung nach einer Wiedergeburt angesehen. Hier können Trauernde einen Halt und eine Perspektive finden.

→ Sowohl beim Sterben wie auch in der Trauer werden vertraute Worte rezitiert. Es erfolgen Anrufe; an die drei grundlegenden »Juwelen« Buddha, Lehre und Gemeinschaft wird erinnert. So kann die Trauer in einem Zusammenhang gesehen werden, der Orientierung, Verbundenheit und Sinn gibt.

→ In buddhistischen Traditionen finden sich einprägsame Bilder und Symbole, die Trauernde besonders ansprechen können. Die Aufgabe, mit eigenem Leid und dem Leid der anderen mitfühlend umzugehen, kann so groß sein, dass selbst Wesen, die im Mitfühlen eine sehr hohe Wirksamkeit erlangt haben, in tausend Stücke zerspringen können. Diesen Überlieferungen zufolge wird es dann notwendig, dass eine heilende Macht diese Stücke zusammenfügt.

→ In einigen Traditionen wird das Mitfühlen als eine wichtige, immer neu zu praktizierende Aufgabe angesehen. Dieses Mitfühlen gilt dem Sterbenden sowie dem Verstorbenen während seiner Reise durch den Zwischenzustand. Es gilt auch den Angehörigen und den Freunden des Toten in ihrer Trauer. In solchen buddhistischen Überlieferungen führt der Weg durch Schmerzen und Trauer hindurch zur Heilung und Ganzheit.

8.3. Interreligiöse Begegnungen

Durch die globalen Wanderungsbewegungen leben Angehörige verschiedener Religionen vielfach an demselben Ort nebeneinander: Weltreligionen sind Nachbarschaftsreligionen geworden.

Eine Weise, einander zu begegnen, können interreligiöse Treffen sein, die in vielen Städten regelmäßig stattfinden. In Kiel wird seit 1996 dreimal im Jahr zum Interreligiösen Gebet eingeladen. Dabei bleiben die Verschiedenheiten der Vorstellungen und Traditionen nebeneinander stehen. Sie werden in gegenseitiger Achtung voreinander wahrgenommen. Mit der Zeit hat sich eine verlässliche Struktur herausgebildet, die viel Spielraum lässt. Angehörige verschiedener Religionen legen Symbole ihrer Religion auf einen Tisch in der Mitte des Raums, sie sprechen jeweils Gebete ihrer jeweiligen Religion. Dazwischen gibt es Zeiten der Musik und der Stille. Die Teilnehmenden können hören, dort mitschwingen, wo sie sich angesprochen und berührt fühlen, sich dort auch abgrenzen, wo sie nicht folgen können oder wollen.

In Situationen von Trauer wird dieses Gebet oft als besonders intensiv erlebt. In wenigen Worten und in der Stille geschieht die Erinnerung an den Verstorbenen, ein Licht wird angezündet (christliche

Tradition), ein Stein wird auf den Tisch gelegt (jüdische Tradition), ein Gong ertönt, bis der Ton dann in der Stille ausklingt (buddhistische Tradition).

Nach dem Terror-Anschlag 2004 in Beslan (Region Kaukasus), wo rücksichtslos Kinder ermordet wurden, riefen Moschee-Vereine, Kirchen und die Jüdische Gemeinde zusammen zum Interreligiösen Gebet auf. Gleichzeitig wandten sie sich dagegen, Religion zur Begründung von Gewalt zu missbrauchen. »Ein Sinn von Religion besteht darin, Leben zu fördern und zu schützen, besonders das Leben von Kindern.« Nach dem Gebet ließen muslimische und christliche Kinder gemeinsam Luftballons, auf die sie Gebete geschrieben hatten, zum Himmel aufsteigen.

Nach einem Bombenanschlag in Ugandas Hauptstadt Kampala unmittelbar am Ende der Fußballweltmeisterschaft 2010 wurde in der Gruppe für interreligiösen Dialog in Uganda sowie im Interreligiösen Gebet in Kiel der 86 Toten gedacht; auch wurde für die Angehörigen in ihrer Trauer gebetet. Darüber hinaus wurde vereinbart, sich in beiden Ländern verstärkt für den Dialog und die Verständigung einzusetzen, um Fanatismus und Gewaltbereitschaft zu überwinden. Gerade wenn deutlich wird, wie unermesslich schwer die Trauer nahe Angehörige und Freunde trifft, ist es ein notwendiges Ziel aller interreligiösen Arbeit, die Achtung gegenüber jedem Menschenleben bewusst zu machen.

Der Dialog zwischen Menschen verschiedener Religionen wurde dann vertieft, wenn nicht nur theoretisch über Unterschiede und Gemeinsamkeiten von Glaubensvorstellungen, Haltungen und Ritualen gesprochen wurde, sondern wenn dabei auch eine Verständigung in den existenziellen Fragen des Lebens gelang. Das war beim Thema »Trauer« häufig der Fall. So wurden gemeinsame Abende angeboten, bei denen jeweils ausführlich über die Trauer im Christentum, im Islam und im Buddhismus informiert und gesprochen wurde.

Am Ende einer solchen Veranstaltung kamen ein Moslem und ein Christ in ein intensives persönliches Gespräch. Es wurde immer später. Der Moslem bot dem Christen an, ihn in den entfernten Vorort nach

Hause zu fahren. Im Auto ging das Gespräch weiter. Der Moslem erzählte, dass er vor Kurzem die Nachricht erhalten habe, dass sein Bruder im Irak erschossen worden sei. Er sprach davon, wie sehr ihn das mit Trauer erfülle und wie gut es ihm damit gehe, das auszusprechen. Der Christ teilte mit, wie er versuche, nach dem Tod seiner Frau mit seinem Leben zurechtzukommen. Vor dem Haus schließlich ging das Gespräch im Wagen noch lange weiter. Diese Art gegenseitiger Begleitung in der Trauer wirkte sich auf die weitere Zusammenarbeit so aus, dass die Verständigung miteinander einfühlsamer und tiefer wurde.

8.4. Interkulturelles Lernen: Trauer in Afrika (Uganda)

Durch den Austausch von Erfahrungen in der Trauer können Menschen verschiedener Kulturen Anregungen bekommen, die eigene Kultur bewusster wahrzunehmen. Sie können Möglichkeiten entdecken, wie sie ihrer eigenen Trauer in vielfältiger Weise Ausdruck geben können. Auch können sie neue Methoden der Begleitung kennenlernen und sich in der Entwicklung solcher Begleitung gegenseitig unterstützen. In Afrika wird die Trauer sehr oft in Rhythmus und Bewegung zum Ausdruck gebracht. Diese Möglichkeit kann Trauernde auch in unserem Kulturkreis anregen, ermutigen und befreien.

> **INFO**
>
> In Uganda und in Tansania mischen sich verschiedene Trauerkulturen. Alte vorchristliche und vorislamische Rituale und Vorstellungen – besonders das Verständnis von den Ahnen – wirken weiter fort: Die Toten gehen zu den Ahnen. Sie gehören zur Gemeinschaft derer, die waren, sind und sein werden. Sie können Schutz und weisen Rat geben, denn Tote wissen mehr als Lebende. Auch hüten und bewahren sie die Traditionen. In beiden Ländern wird die Trauerzeit je nach Religionszugehörigkeit nach christlichem bzw. muslimischem Verständnis gestaltet; meist mit starkem Einfluss traditioneller afrikanischer Kultur.

In Kiel und Umgebung bestehen seit etwa dreißig Jahren partnerschaftliche Beziehungen zu Menschen in Uganda und in Tansania. In den letzten Jahren ging es dabei auch um die Unterstützung von Kindern und Jugendlichen, die vor allem wegen AIDS ihre Eltern verloren hatten. Dabei kam es auch zum Austausch, wie in afrikanischen Ländern und in Deutschland Trauer erfahren wird und wie Trauernde begleitet werden. In dem 1985 gegründeten Zentrum für ländliche Entwicklung in Rukararwe (Südwest-Uganda) wird die Arbeit von Heilerinnen und Heilern gefördert, die traditionelle Heilmethoden mit westlichen Erkenntnissen verbinden. Eine Heilerin hat mit Unterstützung dieses Zentrums ein Waisenhaus gegründet, in dem Waisen miteinander leben. Dort werden in der Trauerbegleitung bewährte Methoden traditioneller Heilung praktiziert, die alle Sinne ansprechen. Dazu gehören Tanz, Musik, Rollenspiele (»Dramas«), Rituale, Symbole, einfühlsame Berührungen. Dadurch können die unterschiedlichen Gefühle wie Schmerz, Sehnsucht, Protest und Mut zum Ausdruck kommen. In den gemeinsamen Tänzen zeigen die Waisen zunächst Erstarrung, dann gehen sie im Rhythmus der Trommel einige Schritte vorwärts, dann wieder zurück. Zwei Waisen treten hervor. Sie spiegeln sich gegenseitig und ermutigen sich so zu weiteren befreienden Bewegungen. Zwei andere führen den Tanz weiter; alle anderen schwingen mit. Schließlich kommt es in immer stärkeren mitreißenden Rhythmen zu weiteren kreativen Schritten, mal in Kreisen, mal in Spiralen. Ein weiter Spielraum entsteht, in dem die Gemeinschaft Rückhalt gibt und Trauer sich lösen kann.

In den letzten beiden Jahren wurden verwaiste Jugendliche außerhalb des Waisenhauses verstärkt gefördert, die in Gruppen trainiert werden, sich z. B. durch Nutzung erneuerbarer Energien selbst ihren Lebensunterhalt zu verdienen. So geschieht Trauerbewältigung auch in gemeinsamer Neuorientierung.

Da die Prävalenzrate, an HIV zu erkranken, in den letzten Jahren in Uganda und in Tansania stark angestiegen ist, wurde in Rukararwe gemeinsam mit den deutschen Partnern ein Anti-AIDS-Projekt entwickelt. An diesem Projekt sind auch Witwen beteiligt, deren Männer an AIDS gestorben sind. Sie wirken gemeinsam mit Ärzten und Heilern an der Anti-AIDS-Kampagne mit. Aufgrund eigener Erfahrungen und auch durch Training in der Trauergruppe können sie auf die Gefahren von AIDS aufmerksam machen und für neue Lebensmöglichkeiten in ihrer Umgebung eintreten. In dem Projekt kommt es zur Zusammenarbeit mit Partnern in Tansania und in Deutschland; auch in der Trauerbegleitung wird voneinander gelernt. Gemeinsam wurde in Rukararwe mit Unterstützung der nahen Internationalen Universität die Broschüre »Coping with Grief« (Umgang mit Trauer) erstellt, in der Trauerprozesse und notwendige AIDS-Prävention dargestellt werden.

Es beeindruckte die Mitarbeiterinnen im Verein Trauernde Kinder Schleswig-Holstein, dass verwaiste Kinder in Uganda ihre Trauer im Tanz zum Ausdruck bringen. Einige Mitarbeiterinnen beabsichtigen jetzt, neben dem Spiegeln auch den Bewegungen noch mehr Raum zu geben. Darüber hinaus wollen sie die Menschen in Uganda auch an ihren Methoden teilhaben lassen. In den Gruppen der Trauernden Kinder in Kiel ist das »Erzählherz« besonders wichtig. Es wird weitergereicht, damit der, der es erhält, mit diesem Herz in der Hand seine Erfahrungen und Gefühle mitteilen kann. Der Verein hat ein solches Herz an das Waisenhaus in Uganda gesandt, damit es auch dort das Erzählen erleichtert, Trauer zur Sprache bringt und dadurch löst.

Der Austausch von Erfahrungen und Methoden, Riten und Symbolen in der Trauerbegleitung zeigt, wie fruchtbar diese Begegnung für beide Seiten sein kann. Anregend für Trauernde hier ist besonders der ganzheitliche Ausdruck von Trauer in Bewegung, Musik und Tanz, der Leib und Seele ergreift und mit anderen verbindet. Viele Trauernde hier beschäftigen sich mit der Frage, wie sie die Beziehungen zu den Verstorbenen über den Tod hinaus gestalten können (vgl. S. 88 ff.). Für sie kann es sehr anregend sein, afrikanische Vorstellungen und Riten im Umgang mit den Ahnen, die die Lebenden begleiten, kennenzulernen.

9. Begleitung in der Trauer

AUF DIE GRENZEN BEI DER BEGLEITUNG VON TRAUERNDEN WURDE BEREITS HINGEWIESEN; ES WURDE EIN WEITERFÜHRENDER ANSATZ VORGESTELLT, FÜR DIE TRAUERNDEN »DA ZU SEIN« (SIEHE 4.5.). IN DIESEM KAPITEL GEHT ES UM DIE BEGLEITUNG IN SPEZIFISCHEN BEZIEHUNGEN UND STRUKTUREN.

Eine Untersuchung zu Wirkungen von Trauerbegleitung wurde 2013 vorgestellt (Projekt TrauErleben der Hochschule Ravensburg-Weingarten, siehe Literaturverzeichnis).

9.1. Prozesse in der Familie

Angehörige können in der Trauer manchmal Rückhalt und Orientierung geben; dann erfüllen sich die Erwartungen, dass die Familie in der Zeit der Not zusammenhält und Zuflucht bietet. Sehr häufig aber werden solche Erwartungen enttäuscht.

▶▶ *Eine Witwe erzählte in einer Trauergruppe:* »*Bei mir zu Hause sind alle voll durch den Wind. Nach dem Tod meines Mannes ist dort keiner richtig ansprechbar. Mein Mann war eben doch der Mittelpunkt in unserer Familie. Jetzt fehlt er überall. Ich habe meinen Sohn gefragt, ob er nicht mal einspringen könnte, er war doch sonst so vernünftig. Aber jetzt hat er sich ganz verschlossen und zurückgezogen. Auch meinen Schwiegervater kenne ich gar nicht mehr wieder. Mal sitzt er versteinert in der Ecke, mal braust er bei jeder Kleinigkeit auf. Dabei war er doch vorher immer so ausgleichend und verständnisvoll.*« *Dann zeigte sie zum Mobile, das im Raum der Trauergruppe an der Decke hängt:* »*Es ist so, wie wenn man dort die Zentralfigur herausschneiden würde. Das ganze Familienmobile hängt schief. Und viele Fäden sind total verwickelt.*« *Meist braucht es eine lange Zeit, bis die Beziehungen sich wieder entwirren und eine neue Balance entsteht.*

In der Trauer ist es für jedes Mitglied wichtig, Abstand von festlegenden Aufträgen und Wünschen zu gewinnen. Zunächst gilt es, den Prozess wahrzunehmen, in dem sich die Einzelnen in der Familie nach dem Verlust befinden. So kann die Witwe erkennen, dass ihr 18-jähriger Sohn sich einerseits in seiner Entwicklung von der Familie löst, andererseits ihren Rückhalt braucht, sich aber in jedem Fall weigert, alte Rollen und Aufgaben zu übernehmen. Auch kann ihr bewusst werden, dass ihr Schwiegervater um seinen Sohn trauert und dabei möglicherweise alte Verwundungen aufbrechen, die unter seiner bisherigen, immer ausgleichenden Haltung verdeckt waren. Sie kann ihre eigenen Bedürfnisse entdecken, einen selbstständigen Weg zu gehen. Sie kann sich die Begleitung suchen, die sie dafür benötigt. Dabei kann es geschehen, dass sie von dem bisherigen Bild von der Familie, das stark von der Sehnsucht nach Harmonie bestimmt war, Abschied nimmt. Die Auseinandersetzung kann aber weiterführen und ihr selbst und vielleicht auch anderen einen weiteren Spielraum eröffnen, neue Ideen und Verhaltensweisen zu entwickeln.

Die »systemische Trauerbegleitung« geht in besonderer Weise auf diese Prozesse in der Familie ein (vgl. dazu Rechenberg-Winter u. Fischinger 2008). Vielfältige Modelle und Methoden wurden erarbeitet, die dazu beitragen, dass Mitglieder der Familie sich selbst in der Beziehung zu den anderen achtsamer wahrnehmen und den Trauerprozess bewusster gestalten können. Dazu gehören:

PRAXISANREGUNG

- Das Aufzeichnen oder Darstellen der Familienstruktur mit den einzelnen Mitgliedern als Figuren in ihren Beziehungen zueinander (a. a. O., S. 132 / CD 15).
- Das Genogramm, in dem die Konstellationen und Ereignisse in der Familiengeschichte durch Generationen hindurch sichtbar gemacht werden und wechselseitige Prozesse deutlich werden können (a. a. O., S. 115 f. / CD 9 u. 40).
- Die »Netzwerkkarte« mit den vier Feldern Familie, Freundschaft, Arbeit / Ausbildung sowie (professionelle) Begleitung. Hier kann der Trau-

ernde Nähe und Distanz zu Personen in diesen vier Feldern einzeichnen (a. a. O., S. 115 f. / CD 47).
- Das professionell angeleitete »Familienstellen«, in das auch Rollen verstorbener Familienmitglieder einbezogen werden können.

Bewährt haben sich auch Wochenendtagungen der »verwaisten Eltern«, zu denen Familien in ihrer Trauer eingeladen werden. Hier können Trauernde mit Mitgliedern anderer Familien Erfahrungen austauschen und sich gegenseitig Anregungen geben.

Im Prozess der Familie ist es für jedes einzelne Familienmitglied wichtig, dass es auf den eigenen Platz in den Beziehungen achtet und sich jeweils die Begleitung sucht, die für die eigene Entwicklung notwendig ist.

9.2. Begleitung durch Freunde und Freundinnen

Während wir mit Familienangehörigen durch Verwandtschaft verbunden sind, haben wir uns Freunde und Freundinnen im Laufe unserer Lebensgeschichte selbst gesucht und sie auch selbst gefunden. Was bedeutet nun diese Freundschaft in der Krisenzeit nach einem schweren Verlust?

▶▶ *Eine Witwe berichtete von ihren Erfahrungen: »Nach dem Tod meines Mannes hat sich mein Freundeskreis ziemlich gewandelt. Ganz wenige alte Freundschaften sind mir geblieben, die meisten sind zerbrochen oder langsam eingeschlafen. Eine Freundin, die ich seit meiner Schulzeit kannte, sagte zu mir: ›Ich verstehe dich ja, dass du deinen Mann nicht loslassen willst. Aber eigentlich solltest du ein halbes Jahr nach seinem Tod schon weiter sein und endlich darüber wegkommen.‹ Von mir verstanden hatte sie überhaupt nichts, da habe ich keinen Kontakt mit ihr mehr aufgenommen. Ganz anders verhielt sich ein befreundetes Paar, das ich vorher noch nicht so gut kannte. Sie luden mich zum Essen ein. Sie konnten sich in meine Lage gut hineinversetzen. Sie hatten selbst schwere*

Erfahrungen durchgemacht. Wir sind jetzt gute Freunde geworden. Ich kann mit ihnen frei über das sprechen, was mich wirklich bewegt.«

Freunde kann es entlasten, wenn sie spüren: Ich muss gar nicht trösten in der Trauer. Ich kann ruhig zugeben, dass ich auf viele Fragen keine Antworten weiß und keine Lösungen kenne. Ich kann einfach da sein, und das genügt.

Günstig ist es, sich in einer bestimmten Regelmäßigkeit zu treffen, sich z. B. gegenseitig zum Geburtstag einzuladen. Dort besteht die Chance, sich der eigenen Vergangenheit zu erinnern und neue Zukunftsperspektiven zu entwickeln, vor allem sich des gegenwärtigen Lebens bewusster zu werden (vgl. S. 116). Auch der Todestag des / der Verstorbenen kann gemeinsam gestaltet werden (vgl. S. 116 ff.). In der Freundschaft können mit der Zeit neben der Trauersituation auch andere Lebensfelder wieder stärker in den Blick kommen. Gemeinsame Besuche von Veranstaltungen im kulturellen oder sportlichen Bereich können wieder mehr zur Teilnahme am gesellschaftlichen Leben motivieren.

Auf der anderen Seite kann es auch für die begleitenden Freunde ein großer Gewinn sein, miteinander zu lernen, schmerzhafte Erfahrungen nicht abzuspalten, sondern sich mit ihnen auseinanderzusetzen und sie einzubeziehen. Sie können dann wahrnehmen, dass Freude und Trauer sich nicht ausschließen müssen, sondern zusammengehören können. Sie spüren dann vielleicht, wie fragwürdig eine einseitige Ausrichtung auf Leistung, Erfolg und Wellness ist. Die Begleitung in der Trauer wird dann von allen Beteiligten als Bereicherung empfunden: Das Leben kann so vertieft und auch erweitert werden.

9.3. Begleitung durch Kollegen und Nachbarn

Während wir Freundschaften frei suchen, finden und schließen, sind uns Nachbarn, Kolleginnen und Kollegen gewöhnlich vorgegeben. Wir wohnen oder arbeiten nebeneinander: Ob sich daraus nähere Beziehungen ergeben, bleibt zunächst offen. In der Trauersituation kann es zu sehr unterschiedlichen Reaktionen kommen: Zuweilen wird die Begegnung mit Trauernden regelrecht gemieden. Eine Mutter, die ihr Kind verloren hatte, berichtete: »*Einige Nachbarn wechseln gleich die Straßenseite, wenn sie mich unterwegs von Ferne erblicken. Sie haben wohl Angst, weil sie nicht wissen, was sie mit mir reden sollen.*« Tatsächlich fühlen sich viele überfordert, auf Trauernde zuzugehen. Sie sehen sich nicht imstande, in solcher Situation zu »trösten«, auch fürchten sie, Fehler zu machen und die Mutter in ihrem Schmerz nur noch weiter zu verletzen. Wenn es gelingt, einmal miteinander über diese Gefühle zu sprechen, erleichtert und entlastet das beide Seiten sehr. »*Im Fitnessstudio traf ich ganz unerwartet eine Nachbarin; sie blieb stehen, sah mich an und berührte mich an meiner Schulter, ohne ein Wort zu sagen. Seitdem sprechen wir immer wieder miteinander, wenn wir uns sehen – und das tut gut. Kürzlich hat sie mich sogar zu einer Tasse Kaffee eingeladen.*«

Auch am Arbeitsplatz gibt es beides: rücksichtsloses Übergehen der Situation der Trauernden und auch anteilnehmenden Umgang. Eine Frau, die ihren Mann verloren hatte, wurde nach einer Kur von ihren Kolleginnen warmherzig aufgenommen. In der Kaffeepause erkundigten sie sich alle nach ihrer jetzigen Situation. Als sie dann Geburtstag hatte, gestalteten ihn die Kolleginnen im Betrieb einfühlsam und fantasievoll: Jede von ihnen überreichte ihr ein passendes symbolhaftes Geschenk mit einem Wunsch für ihre Zukunft.

Eine gute Begleitung in der Nachbarschaft und am Arbeitsplatz ist deswegen so wichtig, weil sie sich auf das alltägliche Leben der Trauernden bezieht. Immer wieder finden Begegnungen statt. Sie können durch die häufige Wiederholung, Bestätigungen und Spiegelungen langsam zur Stabilisierung und neuen Orientierung beitragen. Sie beziehen sich nicht nur auf die Trauer, sondern auf die gesamte Gestaltung des täglichen Lebens – zu Hause wie im Beruf.

Umgekehrt hat eine solche Begleitung auch Auswirkungen auf das Leben in der Nachbarschaft und im Betrieb. Einzelne Begleitende können dabei lernen, wie sie eigene, zunächst verdrängte, Trauer zulassen und offener mit ihr umgehen können. Trauer wird dann nicht mehr wie vorher oft mit einem Tabu versehen, sondern wird mehr und mehr als ein Teil des Lebens verstanden, der auch im Wohnbereich wie in der Arbeitswelt Zeit und Raum haben kann.

9.4. Professionelle Einzelbegleitung

Bei manchen Trauernden reicht eine Begleitung durch Freunde und Freundinnen, Nachbarn und Kollegen nicht aus; oft kommt sie aus vielerlei Gründen gar nicht erst zustande. In besonderen Situationen ist eine professionelle Einzelbegleitung erforderlich, die eine klare Struktur hat, die Stabilisierung und Auseinandersetzung fördert und verlässlich den eigenen Weg durch die Trauer unterstützt. Sie kann angeboten und durchgeführt werden von ausgebildeten Trauerbegleiterinnen und Trauerbegleitern, von Fachleuten aus der Psychologie, der Psychotherapie, der Seelsorge und der Medizin, soweit sie psychosomatisch (leib-seelisch) ausgerichtet ist. Solche Einzelbegleitung lässt sich durch folgende Merkmale kennzeichnen:

➜ Auftragsklärung

Bedürfnisse und Wünsche der trauernden Person stehen im Zentrum, Ziele werden gemeinsam vereinbart und immer wieder neu bestimmt (vgl. Rechenberg-Winter u. Fischinger 2008, S. 101).

➜ Stabilisierung

Die trauernde Person lernt Methoden kennen, wie sie sich selbst vor übermäßigem Stress und Überschwemmung schützen kann (z. B. Entspannungsübungen, Finden eines »inneren sicheren Ortes«).

➜ Ermöglichung von Spielraum

Die trauernde Person wird so begleitet, dass sie ihren eigenen Weg zwischen Vermeidung und Auseinandersetzung, Spannung und Entspannung, Verwirrung und Orientierung finden kann (vgl. S. 75 ff.)

→ **Finden von eigenen Kräften und Begabungen**
Die trauernde Person wird darin unterstützt, ihre eigenen Kräfte zu entdecken. Das Erinnern und Erkunden des eigenen Lebensweges mit seinen Höhen und Tiefen kann dazu führen, eigene Schätze und Fähigkeiten neu zu sehen und sich von hemmenden Mustern zu lösen. Eigene Gestaltungsmöglichkeiten werden immer wieder bestätigt und bekräftigt.

→ **Hinweise auf unterstützende Netzwerke**
Die trauernde Person erhält Anregungen, diejenigen unterstützenden Personen und Organisationen wahrzunehmen, die ihr in ihrer Situation guttun können. (vgl. Adressen im Anhang) Dazu dient auch die »Netzwerkkarte« mit den vier Feldern Familie, Freundschaft, Arbeit/Ausbildung sowie (professionelle) Begleitung.

Nicht immer muss die Trauer im Zentrum der Begleitung stehen. So können z. B. regelmäßige Arztbesuche mit Zeit zum Gespräch zur Einzelbegleitung werden. Eine Witwe erzählte in einer Trauergruppe: *»Bei meinem Hausarzt fühle ich mich gut aufgehoben. Er hat Zeit und Verständnis für mich. Bei manchen Schmerzen findet er keine organischen Ursachen Wie gut, dass ich bei ihm und hier in der Gruppe über das sprechen kann, was mir weh tut.«*

9.5. Begleitung in Trauergruppen

Trauergruppen bieten die Chance, dass Trauernde mit ihren Erfahrungen, Kenntnissen und Fähigkeiten sich gegenseitig unterstützen. Dazu bedarf es einer klaren Struktur, die vor Überforderungen und Überschwemmungen schützt und Orientierung geben kann. Die Begleitung durch eine Fachkraft ist notwendig; sie hat besonders darauf zu achten, dass die Struktur eingehalten wird und sich alle Teilnehmenden äußern können.

Wie die Arbeit in einer Gruppe geschehen kann, wird am Beispiel von Trauergruppen im Rahmen des Kieler Bestattungsinstituts Flenker gezeigt.

Alle Trauernden können an den Gruppen teilnehmen, ohne dem Institut gegenüber irgendeine Verpflichtung einzugehen. Ich (K.O.) begleite seit siebzehn Jahren mehrere Gruppen; ich bin frei in dieser Arbeit und habe nur den Auftrag, dass diese Begleitung die Trauernden unterstützt und ihnen zugutekommt.

Die Struktur ist von zwei Anforderungen bestimmt: Einerseits ist darauf zu achten, dass den Gruppenmitgliedern durch Verlässlichkeit und zunehmende Vertrautheit eine Stabilisierung ermöglicht wird; auf der anderen Seite müssen die Bedingungen so gestaltet sein, dass auf die jeweilige Situation der Einzelnen flexibel eingegangen werden kann.

Die Gruppen treffen sich kontinuierlich an einem bestimmten Wochentag jeweils für 90 Minuten. Einige Gruppen kommen jede Woche zusammen, andere vierzehntägig. Einzelne können in die jeweilige Gruppe einsteigen, den Zeitpunkt des Abschieds bestimmen sie selbst. Vor der Aufnahme in die Gruppe findet immer ein Einzelgespräch statt, in dem die Bedürfnisse und Interessen, Möglichkeiten und Ziele geklärt werden. Die Gruppen sind je nach Trauersituation differenziert: Gruppen für Männer und Frauen, die ihre Partner verloren haben, Gruppen für trauernde Eltern und zwei Gruppen für junge Erwachsene. Es besteht die Verabredung, regelmäßig teilzunehmen und Vertraulichkeit über Äußerungen anderer Gruppenmitglieder zu wahren. Die Gruppen treffen sich in einem eigens dafür vorgesehenen, freundlich ausgestalteten Raum um einen Tisch, auf dem immer Blumen und eine Kerze stehen. Im Laufe der Jahre haben Mitglieder den Raum selbst ausgestaltet, z.B. mit einem Mobile.

1. Ablauf eines Gruppentreffens

Der Ablauf hat eine Grundstruktur, kann aber nach den Bedürfnissen der Mitglieder variiert werden.

In der **Eingangsphase** wird darauf geachtet, dass jedes Mitglied ankommen kann. Entspannungsübungen werden angeboten, oft

auch Fantasiereisen zu einem Ort, an dem sich jeder sicher und geborgen fühlen kann. An die vorige Sitzung wird angeknüpft, bereits angesprochene Problemfelder werden kurz benannt, schon beschrittene Wege werden erinnert. Dann kommt es zu einer kurzen Runde: Jedes Mitglied kann sich zu folgenden drei Fragen äußern:
→ Wie habe ich die Zeit nach dem letzten Treffen erlebt? (Schweres und Ermutigendes)
→ Habe ich verwirklichen können, was ich mir selbst vorgenommen habe? Konnte ich meinen eigenen Weg finden und wahrnehmen? Was hat sich verändert?
→ Was möchte ich in die Gruppe einbringen? Das kann eine problematische Situation, ein Traum, ein wichtiges Thema sein.

Im **Hauptteil** werden Situationen und Inhalte jeweils nach Methoden behandelt, die den Fragestellungen und Interessen der Mitglieder entsprechen. Zu einem vorgelegten Problem können alle Mitglieder ihre Empfindungen und Einfälle äußern und nach Lösungsmöglichkeiten suchen; dabei kommt es oft zum Durchspielen der Situation in verschiedenen Rollen. Die Mitglieder lernen, auf ihre Gefühle zu achten, sie bewusst wahrzunehmen und ihnen Ausdruck zu geben.

Viele Mitglieder halten es für besonders hilfreich, wenn ich ihnen in bestimmten Situationen Informationen zu den neurobiologischen Vorgängen gebe, die ihrer Trauer entsprechen können. So erfahren sie, dass es Mechanismen des Körpers gibt, die vor Zusammenbrüchen schützen. Sie erleben und reflektieren, wie notwendige Entspannung funktioniert. Vor allem nehmen sie erleichtert wahr, dass viele ihrer für sie ungewöhnlichen Reaktionen normale Verhaltensweisen in unnormalen Herausforderungen sind.

Im **Schlussteil** kommt es nach einer kurzen Entspannung zu einer Rückmelderunde mit Ausblick. Jedes Mitglied kann sich zu folgenden Fragen äußern:
→ Wie fühle ich mich jetzt?
→ Wie habe ich heute die Beziehungen in der Gruppe empfunden?
→ Was ist mein kleiner konkreter Schritt bis zum nächsten Treffen?

2. Gesamtverlauf für die einzelnen Trauernden

In der ersten Zeit der Trauer ist es für die Trauernden wichtig, Sicherheit und Geborgenheit zu finden und Stabilisierung zu erfahren. Sie können lernen, dem Schmerz Ausdruck zu geben, sich mit ihren Gefühlen auseinanderzusetzen und das schreckliche Geschehen nicht mehr abzuspalten, sondern als Teil des eigenen Lebens zu verstehen. Langsam können sie sich neu orientieren und ihr Leben bewusster und selbstständiger gestalten.

→ Die Anfangszeit in der Gruppe

Die neuen Mitglieder erfahren zunächst, dass sie mit ihrer Trauer nicht allein sind. Ihre Gedanken, Gefühle, Verhaltensweisen in der Zeit der Trauer, die ihnen selbst ganz fremd und »verrückt« erscheinen, sehen die anderen, schon länger in der Gruppe befindlichen Mitglieder als ganz normale, verständliche Reaktion auf die schreckliche Erfahrung des Todes: *»Genau so ging es uns am Anfang auch.«* Die neuen Teilnehmer gewinnen langsam Vertrauen, ihren Gefühlen Ausdruck zu geben und über das zu sprechen, was sie bewegt. Gleichzeitig lernen sie es, sich zu schützen, wenn ihnen Aussagen anderer zu nahe kommen oder die eigenen Gefühle sie überschwemmen.

Die neuen Teilnehmer erfahren auch, wie sie sich selbst in der schweren Situation wohltun und sich selbst mit gutem Gewissen verwöhnen können. Durch Bestätigungen, Rückkoppelungen und somit ständigen Spiegelungen entsteht eine Atmosphäre, in der neben der Trauer auch die Freude am Leben ihren Raum erhält.

→ Die mittlere Zeit in der Gruppe

Nach einigen Monaten in der Gruppe gewinnen die Teilnehmer nicht nur eine Stabilisierung, zugleich beginnen sie, sich mit ihren eigenen Begabungen und Fähigkeiten in ihrem Lebensfeld neu zu orientieren. Dabei machen sie jedoch vielfach die Erfahrung, dass der Weg durch die Trauer hindurch nicht gleichmäßig bergan geht. Viele erleben plötzlich unerwarteten Schmerz, leiden unter unerträglicher Sehnsucht nach dem geliebten verstorbenen Menschen. Oft spüren sie, dass sie, wenn sie dieses Gefühl zulassen, auch Versteinerungen in ihnen wegbrechen und sie zu anderen Empfindungen wieder Zugang bekommen, von denen sie sich vorher abgeschnitten fühlten.

→ Abschlusszeit in der Gruppe
Am Ende ihrer Zeit in der Gruppe (im Schnitt über ein Jahr, längere Zeit bei trauernden Eltern) haben die Mitglieder meist so viel Stabilität, Balance, Orientierung und Einfühlung bekommen, dass sie mit ihren Erfahrungen auch andere Trauernde begleiten können, besonders die Mitglieder, die jetzt neu in die Gruppe kommen. In ihrer Existenz sind sie für die Neuen eine Ermutigung. Sie werden zu Modellen, wie der Weg durch die Trauer möglich ist. Am Ende wählen sie selbst den Zeitpunkt ihres Abschieds. Ihr letztes Gruppentreffen wird als Fest gefeiert, das sie selbst gestalten. Meist bereiten sie ein gemeinsames Mahl vor, halten Rückblick auf die Zeit in der Gruppe mit den unsäglich schweren und den ermutigenden Zeiten, geben Auskunft über ihre Hoffnungen und ihre Perspektiven. Häufig stellen sie ihre Erfahrungen in Symbolen dar. Meist bleiben diejenigen, die die Gruppe verlassen, nicht ohne Kontakt zu bisherigen Teilnehmern. Oft haben frühere Mitglieder unter sich weitere Kontakte aufgenommen und spontan außerhalb des bisher vertrauten Raumes neue Gruppen gebildet, die sich auch zu gemeinsamen Ausflügen und anderen Unternehmungen treffen. So hat sich inzwischen ein verzweigtes Netzwerk gebildet, das schon viele Jahre lang besteht.

In Kiel wie auch in anderen Städten gibt es unterschiedliche Arten von Trauergruppen, die oft im Rahmen von kirchlicher Arbeit, von Hospiz-Initiativen und anderen Organisationen angeboten werden. Koordiniert wird diese Arbeit in Kiel durch den Kieler Arbeitskreis Trauerbegleitung; die Koordinationsstelle ist die Hospizinitiative Kiel. Daneben oder auch damit verbunden gibt es niedrigschwellige Angebote, zu denen Trauernde auch ohne vorherige Anmeldung dann kommen können, wenn sie Kontakt und Austausch mit Menschen in ähnlicher Situation brauchen.

10. Therapie bei erschwerter Trauer

10.1. Erschwerte Trauer

Ursprünglich ist die Trauer eine gesunde, heilsame Reaktion auf einen tief verletzenden Verlust. Neben dieser heilsamen Trauer gibt es die erschwerte Trauer. Hinweise auf erschwerte Trauer werden dort sichtbar, wo nichts mehr ins Fließen kommt. Die Trauer kann auch lange Zeit nach dem Tod nicht geäußert werden, sondern sie zeigt sich in körperlichen und seelischen Symptomen, an denen der Trauernde leidet. In solchen Situationen kann eine Therapie notwendig werden.

> **INFO**
>
> Um psychische Störungen einzuordnen, sind verschiedene Klassifikationssysteme entwickelt worden. In Deutschland und in Europa wird die internationale Klassifikation psychischer Störungen angewandt; das ist ein Teil der Internationalen Klassifikation der Krankheiten (ICD-10) der Weltgesundheitsorganisation, WHO. An der Revision der Klassifikation wird ständig gearbeitet. Die neue Fassung ICD 11 soll 2022 in Kraft treten. Für diese Fassung ist der Begriff „Anhaltende Trauerstörung" vorgesehen, um bei erschwerter Trauer therapeutische Behandlung anbieten zu können. Dieser Begriff fand in einer Umfrage bei den befragten Praktiker*innen in der Mehrheit keine Befürwortung (Dietl et al. 2018). Verbände, die in der Bundesrepublik Trauerbegleitung praktizieren (Deutscher Hospiz- und Palliativverband, Bundesverband Trauerbegleitung sowie Bundesverband verwaister Eltern und trauernde Geschwister), wandten sich aus zwei Gründen gegen den Begriff „Anhaltende Trauerstörung": Erstens verstehen sie Trauer nicht als Störung, sondern als eine Kraft, die heilen kann. Zweitens kann durch das Wort „anhaltend" die Trauer zeitlich normiert werden; schon sechs Monaten nach

dem Verlust kann diese Diagnose gestellt werden. Stattdessen schlagen die Verbände den Begriff „Belastungsstörung nach Verlust" für eine Diagnose vor. Nicht die Trauer verursacht die Störung, sondern die Belastung. Bei diesem Begriff besteht nicht die Gefahr, dass die Kultur der Trauer, wie sie in den letzten Jahrzehnten in der BRD entstanden ist, beeinträchtigt wird. Den Verbänden geht es darum, diese Kultur zu erhalten und weiterzuentwickeln. Organisationen in Uganda verfassten entsprechende Voten. Die Aufnahme der Diagnose in ICD kann den Zugang zur therapeutischer Behandlung erleichtern, auch kann erhöhte professionelle Wachsamkeit bei Prozessen nach schwerem Verlust erreicht werden.

Man nimmt an, dass etwa 20 % aller Trauerfälle erschwert verlaufen. Es sind also nicht wenige Menschen, die gegebenenfalls Unterstützung benötigen, um gesundheitlichen Beeinträchtigungen und Gefährdungen vorzubeugen. Dazu gehören vermehrte Angst- und Depressionssymptome, eine höhere Suizidrate und ganz allgemein eine erhöhte Sterblichkeit. Mit gezielten psychotherapeutischen Angeboten zur Überwindung der erschwerten Trauer können diese Risiken deutlich verringert werden. Wichtig ist hierbei herauszufinden, wodurch bei solchen Störungen das Fließen der Trauer erschwert oder verhindert wird.

10.2. Trauer und Trauma

Schwere Verlusterlebnisse können den Charakter traumatischer Erfahrungen haben. Trauma bezeichnet ursprünglich die schwere körperliche und/oder seelische Verletzung. In der Neurobiologie und der Psychotherapie wird das Trauma als der seelische (und auch körperliche, in der Hirnfunktion zurückbleibende) Eindruck verstanden, den das einschneidende Erlebnis in der betroffenen Person hinterlassen hat. Der plötzliche Verlust eines nahen Angehörigen kann ein solches Trauma sein.

> **INFO**
>
> In der ICD-10, der Internationalen Klassifikation Psychischer Störungen der WHO (z. Zt. in Überarbeitung zur ICD-11), wird ein traumatisches Ereignis definiert als »ein belastendes Ereignis oder eine Situation außergewöhnlicher Bedrohung oder katastrophenartigen Ausmaßes, die bei fast jedem eine tiefe Verstörung hervorrufen würde«. Traumatische Ereignisse können sehr unterschiedlich verarbeitet werden. Sie können ausheilen, sie können aber auch schwerwiegende Folgen für die traumatisierte Person beinhalten, die von Leid- und Angstgefühlen bis hin zu schwerwiegenden psychischen Störungen reichen. In der medizinischen Diagnose wird unterschieden:
> 1. Akute Belastungsreaktionen, die unmittelbar auf das belastende Ereignis folgen und kurzfristig andauern.
> 2. Posttraumatische Belastungsstörungen, bei der Belastungsreaktionen länger als vier Wochen anhalten und chronische Formen annehmen. Sie können zu Intrusionen (einschießende, störend erlebte Gedanken, Gefühle und Sinneseindrücke) mit ihrer Extremform, den Flashbacks (Nachhallerinnerungen), führen. Sie können durch bestimmte Schlüsselreize (Trigger) ausgelöst werden, z. B. durch das Heulen einer Sirene. So kann die Erinnerung an das zurückliegende Trauma erneut wachgerufen werden. Daneben treten Vermeidungsverhalten mit sozialem Rückzug und emotionaler Taubheit, verbunden mit anhaltenden erhöhten Erregungssymptomen, auf.
> 3. Komplexe Posttraumatische Belastungsstörungen, die im Zusammenhang von Mehrfachtraumatisierungen (oft bereits in der Kindheit) oder länger andauernden traumatischen Situationen auftreten.

Vor allem bei plötzlichen Verlusten und bei schwierigen Todesumständen (z. B. bei Selbsttötung) kann es zu solchen Belastungsstörungen kommen. Auch der Verlust eines Kindes wird häufig traumatisch erlebt. Die Verletzung, die durch das traumatische Ereignis ausgelöst wird, ist so groß, dass das Erlebnis zunächst nicht verarbeitet werden kann, sondern abgespalten wird. Das traumatische Geschehen kann nicht mitgeteilt werden und taucht oft unvermittelt auf, z. B. durch Erinnerungsfetzen (Flashbacks), von denen sich der Traumatisierte überfallen fühlt (vgl S. 48 f.). Bei dem Krankheitsbild einer »Posttraumatischen Belastungsstörung« (PTBS), bei der solche Symptome mehrere Monate hindurch anhalten, wird eine therapeutische Behandlung notwendig. In ihr geht es im ersten Schritt um eine Stabilisierung. Dadurch soll eine Wiederverletzung (Retraumatisierung) durch zu frühe neue Konfrontation mit dem schrecklichen Geschehen vermieden werden. Ziel der Behandlung ist es zunächst, die erstarrte Trauer langsam wieder in Fluss zu bringen, Ausdrucksfähigkeit zu fördern und dazu beizutragen, dass betroffene Menschen wieder sprachfähig werden. Zu den Methoden gehört unter anderem die Kognitive Verhaltenstherapie (vgl. Wagner 2013, S. 97 ff.).

In der Trauerarbeit ist zu beachten, dass bei manchen Trauernden vor dem Auftreten der akuten Trauer schon alte Traumatisierungen (z. B. Kriegserfahrungen, auch durch Eltern unverarbeitet weitergegebene Kriegserfahrungen, häusliche Gewalt und andere traumatisierende Erfahrungen) zugrunde liegen. Sie werden häufig durch das akute Trauergeschehen aktualisiert und reaktiviert; auch sie bedürfen jetzt einer Bearbeitung. Nach und nach können dann die überwältigenden Erfahrungen als Teil des eigenen Lebens verstanden werden, sodass die Trauer und die anderen sonst nicht mehr zugänglichen Gefühle zum Ausdruck kommen und bewusst in die Kommunikation einbezogen werden können.

In den beiden sich teilweise überschneidenden Feldern von Trauerbegleitung und Traumatherapie hat es sich bewährt, mit Bildern, Symbolen, Vorstellungen und Geschichten zu arbeiten. Sie kommen uns in kulturellen und religiösen Traditionen entgegen. Im Erzählen, Feiern und Gestalten können sie lebendig werden. Oft entdecken Trauernde eigene Bilder und Symbole als heilende Kräfte, z. B. in Tag- und Nachtträumen. Manchmal finden sie sich in Geschichten und Erfahrungen anderer wieder: Sie erleben dann, dass sie in ihrer Trauer nicht einsam sind, sondern mit anderen Betroffenen in einer intensiven Kommunikation stehen, die oft neue Perspektiven eröffnet. Viele Trauernde nehmen sowohl an einer Einzeltherapie wie auch an einer Trauergruppe teil, beides kann sich gut ergänzen.

10.3. Trauer bei Traumatisierten

Der plötzliche Verlust eines nahestehenden Menschen ist ein einschneidendes Erlebnis, das eine enorme emotionale Belastung darstellt. Für Menschen, die in ihrer Kindheit oder auch später bereits Traumatisierungen erlitten haben, besteht ein erhöhtes Risiko für eine erschwerte Trauer. Dies hängt damit zusammen, dass Gefühle nur schwer reguliert werden können und dass häufig geringe Chancen bestanden, einen fürsorglichen Umgang mit sich selbst einzuüben. Zudem haben manche Traumatisierte nur eingeschränkte Möglichkeiten, soziale Beziehungen aufzubauen. Im Trauerfall haben sie entsprechend wenig soziale Unterstützung. Hinzu kommt, dass durch den emotionalen Stress, der durch den Todesfall ausgelöst wird, die bisherigen Bewältigungsmöglichkeiten plötzlich erschöpft sein können. In der Regel können viele Menschen mit traumatischen Lebenserfahrungen in der Kindheit lange Zeit durch erhöhten psychischen Kraftaufwand das Trauma aus dem Alltagsbewusstsein heraushalten. Sie schaffen dies aber nicht mehr, wenn neue Belastungen oder ein weiteres Trauma hinzukommen. So passiert es häufig, dass bei Todesfällen nicht nur der aktuelle Verlust zu verarbeiten ist, sondern auch frühere Traumata ins Bewusstsein drängen. Auch kann es zu sehr quälenden Verzerrungen und Überlagerungen der Erinnerungen kommen.

▶▶ *Frau Q. entwickelt nach dem plötzlichen Tod ihres 23-jährigen Sohnes schwere posttraumatische Symptome mit Flashbacks und Albträumen. In Letzteren erlebt sie körperliche und sexuelle Gewalt aus ihrer Kindheit wieder, wobei ihr verstorbener Sohn im Traum fassungsloser Zeuge dieser Taten wird. Dieser Trauminhalt quält und beschämt die Patientin zutiefst, zumal sie bewusst in ihrer Erziehung darauf geachtet hatte, dass ihr Sohn von den Traumata ihrer Vergangenheit nichts erfährt. In der Therapie entsteht die Idee, dass ihr Sohn – trotz ihrer fürsorglichen Haltung ihm gegenüber – vielleicht mehr davon wahrgenommen haben mag, als sie bisher dachte. Sie tritt in einen inneren Dialog mit dem*

Sohn und findet verschiedene Hinweise, die diese Überlegungen bestätigen. Sie schreibt ihm schließlich einen bewegenden Brief, in dem sie ihm von der bisher verschwiegenen Seite ihrer Kindheit erzählt. Sie erlebt es als sehr erleichternd und verbindend mit ihrem Sohn, zumal sie ihm dieses nun zumuten darf. Der Trauminhalt verändert sich daraufhin: Der Sohn winkt ihr aus der Ferne tröstend zu; in den traumatischen Albträumen ihrer Kindheit taucht er nicht mehr auf.

Wenn in der Kindheit traumatisierte Menschen ihre Eltern verlieren, können extrem widersprüchliche und heftige Gefühle auftauchen, z.B. auch Hass und Rachegedanken gegenüber dem missbrauchenden Vater oder gegenüber der nicht schützenden und als Verräterin erlebten Mutter. In der Therapie wird die therapeutische Haltung, dass alle Gefühle ihre Berechtigung haben, in der Regel als große Erleichterung erlebt. Häufig sind diese Gefühle aber stark tabuisiert und können zu einer inneren Versteinerung führen, sodass gar keine Trauer empfunden werden kann. Dann erleben sich die Trauernden als gefühlskalt, verachten sich dafür und entwickeln Selbstvorwürfe und Schuldgefühle. Hier ist es hilfreich, die Gefühllosigkeit als Schutz wie bei einer (medizinischen) Betäubung zu erklären. Es ist dann wichtig, Patienten zu ermutigen, sich die fehlenden Gefühle zunächst nur gedanklich als Formen, Farben oder Symbole vorzustellen und darauf zu vertrauen, dass diese Gefühle zunächst nur verschüttet sind. Nach und nach können sich die Patientinnen den Gefühlen auch auf der Erlebnisebene nähern. Für viele ist dies ein längerer Prozess, der sich über Monate und länger hinziehen kann. Auch spielt bei Menschen, die in der Kindheit Traumata erlebt haben, eine andere Form der Trauer eine große Rolle: Sie trauern darüber, nie eine unbeschwerte Kindheit gehabt zu haben. Bei körperlicher und sexueller Gewalt kommt die Trauer um die verletzte Würde hinzu.

10.4. Depressionen

Nicht immer gelingt es, nach schweren Verlusten einen neuen Weg zu finden. Nicht alle Menschen haben angemessene Unterstützung in ihrem sozialen Umfeld, um mit dem Schmerz und dem Verlust fertig zu werden. Oder sie haben aufgrund schwerer Lebenserfahrungen zu wenige Möglichkeiten mit auf den Weg bekommen, um die Situation angemessen bewältigen zu können. Sie bleiben in ihrer Trauer stecken. Sie fühlen sich gefangen und erdrückt von der Schwere der Trauer. Sie können nicht spüren, dass sie »mehr sind als ihre Trauer«, weil ihnen der Zugang zu dem »mehr« und dem »darüber hinaus« verschüttet ist.

Wenn die Waage von Unterstützung und Belastung auf unserem Lebensweg längere Zeit im hohen Maße unausgeglichen ist, besteht die Gefahr, dass sich eine Depression entwickelt. Der Begriff »depressiv« stammt aus dem Lateinischen (lat. *deprimere* »niederdrücken«) und bezeichnet einen Zustand psychischer Niedergeschlagenheit. Diese kann das Ausmaß einer ernstlichen psychischen Erkrankung annehmen, die ärztlich und psychotherapeutisch behandelt werden muss. Man nimmt an, dass der lang anhaltende Stress, der durch einen schweren Verlust (oder auch andere Belastungen) ausgelöst wurde, zu einer ständigen Ausschüttung von Stresshormonen führt. Diese wiederum bewirken auf Dauer eine ungünstige Veränderung im Haushalt der Neurotransmitter im Gehirn: Die Konzentration der Botenstoffe (insbesondere Serotonin und Noradrenalin), die bei der Reiz- und Informationsverarbeitung wichtig sind, wandelt sich. Auch bestimmte Hirnstrukturen können sich durch den Dauerstress vorübergehend verändern: Insbesondere werden dann im vorderen Stirnlappen stärker negative emotionale Zustände und das Vermeidungsverhalten aktiviert, während positive Emotionen und Annäherung zu wenig aktiviert werden. Diese Veränderungen lassen sich nicht unmittelbar willentlich durch »Zusammenreißen« beeinflussen.

INFO

Eine krankheitswertige Depression ist durch folgende klinische Merkmale gekennzeichnet:

1. Einengung der Stimmung in dem Sinne, dass man weder Freude noch Trauer in sich spüren kann. Auch hellt sich bei depressiv erkrankten Menschen die Stimmung durch Zuspruch und Anteilnahme von anderen nicht wirklich auf.
2. Antriebsarmut: Viele sind dann nicht oder nur mit größter Anstrengung in der Lage, ihre Arbeit zu bewältigen. Alltägliche Verrichtungen im Haushalt und im Beruf fallen schwer. Gleichzeitig kann eine quälende innere Unruhe herrschen.
3. Eine Störung der biologischen Rhythmen mit Schlafstörungen und morgendlichem Früherwachen: Oft fühlen sich Depressive am späten Nachmittag und Abend etwas besser, während in den frühen Morgenstunden die depressive Symptomatik in voller Stärke wieder einsetzt.

Folgende weitere Symptome können sich zeigen:
Eine übertriebene Sorge um die Zukunft, überwache Wahrnehmung und Sorge um Körperfunktionen, Gefühle der Hoffnungslosigkeit und Minderwertigkeit und übersteigerte Schuldgefühle, Müdigkeit, verringerte Konzentrations- und Entscheidungsfähigkeit: Das Denken ist verlangsamt und kann sich in unergiebigem Gedankenkreisen verlieren. Das Zeitempfinden kann gestört sein: Zeit kann sich in diesem quälenden Zustand endlos ausdehnen. Häufig bestehen Reizbarkeit und Ängstlichkeit. Negative Gedanken und Eindrücke werden überbewertet, während positive Aspekte unterbewertet oder gar nicht wahrgenommen werden. Das Gefühlsleben ist stark eingeengt, was zum Verlust des Interesses an der Umwelt führen kann. Auch kann sich das sexuelle Interesse vermindern oder erlöschen. Bei einer schweren depressiven Episode kann der Erkrankte in seinem Antrieb so gehemmt sein, dass er nicht mehr einfachste Tätigkeiten wie Körperpflege, Einkaufen oder Abwaschen verrichten kann. Der Schlaf wird nicht als erholsam und erfrischend erlebt, und das morgendliche Aufstehen kann größte Mühe bereiten. Die Hoffnungslosigkeit und die negative Gestimmtheit können so quälend werden, dass diese Menschen jeden Lebensmut verlieren und an Selbsttötung denken.

Wenn lebensmüde Gedanken, Suizidgedanken oder gar Suizidimpulse da sind, ist es notwendig, sich einem Arzt anzuvertrauen. Auch wenn die oben beschriebenen Symptome der gedrückten Stimmung, verbunden mit Interessensverlust, Freudlosigkeit und vermindertem Antrieb, länger als zwei Wochen anhalten, sollte man seinen Hausarzt aufsuchen. In den Gesprächen wird über die Erkrankung informiert und mit dem Patienten besprochen, wie er sich verhalten kann und was für seine Gesundung förderlich ist. In der Regel sind dies Schonung und Entlastung, im weiteren Verlauf bewusstes Aufsuchen von Dingen, die dem Erkrankten bisher Freude gemacht haben, auch wenn er dies aufgrund seiner Erkrankung im Moment nicht spüren kann. Er kann es aber wieder einüben. Wenn die Depression sehr schwerwiegend ist oder Suizidimpulse da sind, kann eine stationäre Behandlung erforderlich sein. Wenn die Depression abgeklungen ist, was in der Regel einige Wochen dauert, sollte in einer weiterführenden Psychotherapie geschaut werden, wodurch der Patient in die Depression hineingeraten ist und wie er in Zukunft vermeiden kann, erneut depressiv zu werden. Hierbei geht es um die Auseinandersetzung mit der bisherigen Lebensgeschichte und das Erkennen von verletzlichen und von daher besonders schützenswerten Aspekten im inneren seelischen Gleichgewicht. Darüber hinaus geht es darum, mit diesen Aspekten achtsamer umzugehen, als es dem Patienten bislang von seiner Lebensgeschichte her möglich war. Das Einüben einer neuen Balance zwischen Belastung und Unterstützung spielt hierbei eine große Rolle.

▶▶ *Frau W. hat den Tod ihres Mannes vor zwei Jahren nicht verwunden. Sie macht sich Schuldgefühle, nicht konsequent genug auf einen Arzttermin gedrängt zu haben, als sich erste Symptome einer Herzerkrankung zeigten. Sie zieht sich mehr und mehr zurück und erlebt sich wie versteinert. So erkrankt sie an einer Depression. Nur ihre beiden schulpflichtigen Kinder halten sie noch am Leben. Im therapeutischen Gespräch wird rasch deutlich, dass ihre Lebenssituation bedrückend ist: Sie lebt auf dem Grundstück ihrer Schwiegereltern, zu denen schon vor dem Tod des*

Mannes ein sehr gespanntes Verhältnis herrschte. *Im Rahmen der Therapie wird sie immer wieder ermutigt, auf ihre eigenen Bedürfnisse zu achten und Dinge zu tun, die ihr guttun und Freude machen. Dies fällt ihr schwer, zumal sie selbst auch sehr streng erzogen wurde. Schließlich nimmt sie mehr und mehr in sich den Wunsch wahr fortzuziehen. Dies hatte sie sich zuvor nicht zu denken getraut, weil sie fürchtete, dann nicht mehr solidarisch mit ihrem Mann zu sein. Im inneren Dialog mit ihrem verstorbenen Mann spürt sie, dass er diese Lösung unterstützen würde. Auch erkennt sie, wie ihr Mann unter den enormen Spannungen zur Herkunftsfamilie ein Leben lang gelitten und sich verhärtet hatte. So habe er nicht mehr auf seinen Körper geachtet, was mit zu seinem frühen Tod beigetragen haben mag. Jetzt kann sie um ihn trauern und auch um die Jahre, die er immer verschlossener an ihrer Seite gelebt hat.*

Häufig zeigt es sich, wie auch in diesem Beispiel, dass die Depression dadurch entsteht, dass die Trauer nicht zum Ausdruck kam, sondern in Leib und Seele stecken blieb und festsaß. Schuldgefühle oder tabuisierte Gefühle wie Zorn und Wut können Trauer behindern. So kann es heilend sein, diese Gefühle in sich wahrzunehmen und damit auch die eigene Trauer zu entdecken, sie zu äußern, sie mitzuteilen und zu bearbeiten.

10.5. Psychopharmaka – Möglichkeiten und Grenzen

Trauer an sich ist eine gesunde, heilsame Reaktion auf einen schweren Verlust. Trauernde Menschen benötigen in der Regel einen Schonraum, ebenso andere Menschen, die ihre Art der Trauer akzeptieren und eventuell auch begleiten. Eine Medikation brauchen sie in der Regel nicht. In bestimmten Situationen können Medikamente dennoch notwendig sein, insbesondere dann, wenn Trauersymptome ein überstarkes Maß annehmen und sich Folgesymptome wie Angstzustände, Depressionen, anhaltende psychosomatische Beschwerden und schwere Schlafstörungen einstellen. Trauersymptome können auch die Form von akuten Belastungsstörungen oder Posttraumatischen Symptomen annehmen. Die Beschwerden können dann so stark werden, dass die Trauernden gar nicht in der Lage sind, Hilfsangebote anzunehmen oder aufzusuchen. Psychopharmaka können dann vorübergehend dazu beitragen, sich im Gespräch überhaupt mitzuteilen und herauszufinden, was in diesem spezifischen Fall weiterführen könnte. Auch wenn bereits psychische Vorerkrankungen oder Vorbelastungen vorliegen, können komplizierende Symptome auftreten wie z. B. anhaltende Suizidalität. Psychopharmaka können hier lindernd und unterstützend eingesetzt werden. Hierfür stehen verschiedene Medikamente zur Verfügung, insbesondere Antidepressiva aus der Wirkstoffgruppe der Serotonin-Wiederaufnahmehemmer. Durch sie bleibt das Serotonin, das Wohlbefinden erzeugt, in seiner Wirkungskraft länger erhalten. So haben diese Medikamente einen stimmungsaufhellenden Effekt und beeinflussen den Neurotransmitterhaushalt im Gehirn in positiver Weise. Bei anhaltenden Schlafstörungen kann die Verordnung von Schlafmitteln vorübergehend entlastend sein, doch muss die Zeit der Einnahme begrenzt sein (Tage bis höchstens wenige Wochen). Mit Beruhigungsmitteln wie Benzodiazepinen sollte man vorsichtig sein, da sie Trauerprozesse auch verhindern und zu Medikamenten-Abhängigkeit führen können. Medikamente sollten immer in Kombination mit begleitenden Gesprächen verordnet werden.

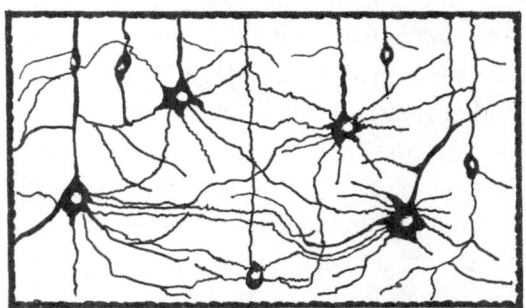

11. Heilender Umgang mit Trauer

Die Entwicklung des Buches hat die Gestalt einer Spirale angenommen. Nach vielen Durchgängen durch Trauerlandschaften, Bahnungen und Strukturen kommen wir jetzt in einen Bereich, den wir schon ganz am Anfang beschrieben haben. Allerdings befinden wir uns jetzt auf einer anderen Ebene. Gegenüber dem Anfang ist diese Ebene durch viele Erkenntnisse und Reflexionen vertieft und erweitert. Schauen wir zurück auf den Beginn, so können wir jetzt manche Aussagen in einem neuen Zusammenhang sehen. Wir können Unterschiede bei einzelnen Emotionen und Empfindungen deutlicher wahrnehmen und noch bewusster unseren eigenen neuen Weg finden.

1. **Die Leitfrage: Was tut mir gut in meiner Trauer?**

Zunächst geht es darum, in der Krise achtsam für sich zu sorgen und sich selbst Gutes zu tun. Dazu kann es gehören, sich selbst zu verwöhnen. In bestimmten Zeiten kann es aber auch guttun, den ganzen Schmerz aus sich herauszulassen, zu klagen, zu schreien oder zu weinen. Alte Kulturen hatten Freiräume, in denen solche ungebremsten Äußerungen (z. B. Zerreißen von Kleidern) möglich waren. Es kann uns guttun, wenn solche Äußerungen nicht zu sehr durch Konventionen eingeschränkt sind, sondern wir uns mit Leib und Seele so geben können, wie uns wirklich zumute ist. Dafür kann z. B. ein einsamer Strand am Meer gute Möglichkeiten bieten.

Auf der anderen Seite können wir rechtzeitig wahrnehmen, wenn wir in ein Übermaß von Trauer hineinkommen, das uns schadet. Wir können dann Grenzen ziehen. Die Methode des Unterbrechens können wir trainieren und anwenden. Wir können zu uns selbst sagen: »Halt. Stopp. Das ist mir jetzt zu viel.« Im ruhigen Aus- und Einatmen können wir wieder den Boden spüren, der uns trägt.

2. Die Unterschiede wahrnehmen

Für einen heilenden Umgang mit Trauer ist es wichtig, zwischen den einzelnen Gefühlen deutlich zu unterscheiden. So gibt es ursprüngliche (primäre) und verschobene (sekundäre) Gefühle. Wenn ich »gekränkt« bin, dann habe ich akute Verletzungen so abgedrängt, dass ein Zustand entsteht, aus dem ich schwer herausfinde und der kaum noch Kommunikation zulässt. Erkenne ich jedoch die zugrunde liegenden Verletzungen und spreche ich mit dem darüber, der sie verursacht hat, kehrt das ursprüngliche Gefühl wieder. Der Konflikt lässt sich durch ein Gespräch mit den am Konflikt Beteiligten leichter lösen.

▶▶ *So wurde eine Witwe kurze Zeit nach dem Tod ihres Mannes von ihrer Freundin zum Geburtstagsfest eingeladen. Doch niemand sprach sie auf ihren Mann an. Sie fühlte sich tief gekränkt: »Ist er denn von allen so schnell vergessen? Er war doch sonst immer bei den Geburtstagen dabei. Besser ich ziehe mich zurück. Nie wieder werde ich an solchen Feiern teilnehmen.« Wenig später begegnete sie ihrer Freundin. Es kam zum Gespräch über das Verhalten bei der Feier. Dabei stellte sich heraus, dass es nicht um Missachtung ging, sondern um die eigene Unsicherheit, mit einem Menschen in der Trauer umzugehen. Deswegen wollte man lieber schweigen. Nachdem der Grund der Verletzung geklärt war, war auch die Kränkung behoben. Die durch diese Kränkung abgebrochene Verständigung kam wieder zustande.*

Nach dem schweren Verlust sind Trauernde oft auf dieses schreckliche Erleben fixiert. An manchen Tagen scheint alles grau zu sein. Doch schaue ich genau hin, dann kann ich einige Unterschiede entdecken: Einiges ist dunkelgrau, manches auch schwarz, einige kleine Farbflächen dazwischen scheinen eher gelb zu sein. Ich spüre dann nicht nur die unerträgliche Einsamkeit, sondern nehme auch wahr, dass ich den Anruf oder die E-Mail eines befreundeten Menschen erhalten habe. Mit der Zeit kann ich eine Sichtweise entwickeln, in der ich nicht ausschließlich auf den Verlust schaue, sondern ab und zu etwas entdecke, was mich erfreut. Ich spüre auch beim Trauern achtsam nach, um welches Gefühl genau es in der jeweiligen Situation geht. Ist es eher Kummer, Schwermut, Gram, Bitterkeit, Verdruss, Weh, Not, Panik Angst, Wut, Zorn, Protest oder Sehnsucht? Welches Gefühl steht im Zentrum, welches ist sonst noch beteiligt? Je nachdem gewinnt meine Trauer eine besondere Färbung. Das kann sich am nächsten Tag schon wieder ändern. Hinzu kommen noch andere Gefühle wie Liebe, Dankbarkeit und Freude, die durchaus mit der Trauer verbunden sein können.

Es hat sich gezeigt, dass bei einer so starken Emotion wie der Trauer die regulierenden Steuerungsmöglichkeiten im Bereich der Hirnrinde (3. Ebene, vgl. S. 33) eingeschränkt sind. Umso wichtiger ist es, dass sie bewusst und gezielt gefördert werden. Reine Vorsätze im Denken reichen da meist nicht aus. Untersuchungen bei Patienten mit Posttraumatischer Belastungsstörung (PTBS), die unter schweren seelischen Verletzungen leiden, haben ergeben, dass durch regelmäßige Hatha-Yoga-Übungen es wesentlich besser gelang, die Emotionen zu kontrollieren (Van der Kolk 2007, S. 226 f.). Zu einem ähnlichen Ergebnis kam es bei anderen PTBS-Patienten durch regelmäßige Meditation (a. a. O., S. 229 f.).

Auch bei Trauernden können Atemübungen wie Körperbewegungen das Bewusstsein fördern, dass der Körper nicht erstarrt bleibt, sondern sich ständig verändert. Es kommt darauf an, die unterschiedlichen Empfindungen wahrzunehmen, ohne sich von ihnen ganz bestimmen zu lassen. («Ich beobachte meine Emotionen. Ich habe meine Trauer, aber ich bin nicht meine Trauer.») Auch im Alltag außerhalb der Meditationszeiten kann es dann besser gelingen, sich nicht von bestimmten Erinnerungen total überfluten zu lassen, sondern die seelischen und körperlichen Prozesse bewusst zu regulieren. Auf diese Weise wird es eher möglich, auf den eigenen Körper zu achten, auf seine Signale zu hören, sich besser zu schützen und für sich selbst zu sorgen.

3. Den eigenen neuen Weg finden

Nach dem Verlust fühlen sich Trauernde meist in ein Chaos gestoßen. Solche Verwirrung von Gefühlen und Gedanken scheint zunächst kaum aushaltbar zu sein. Erst später wird langsam erkennbar, dass dieses Chaos eine Fülle von Entwicklungsmöglichkeiten in sich birgt. Die bisherigen gewohnten Wege führen ja jetzt nicht mehr weiter. Sie erscheinen eher wie »alte Autobahnen«, auf denen wir im Kreis immer weiterfahren, ohne irgendwo anzukommen. Neue Bahnungen sind notwendig, in den Abläufen des Gehirns wie in der Gestaltung des eigenen Lebensfeldes – und beides ist miteinander verbunden.

PRAXISANREGUNG
Der chaotische Zustand erinnert an alte Märchen. Der »Held« gerät in einen tiefen Wald, er verirrt sich darin und fühlt sich »mutterseelenallein«. Er weiß keinen Ausweg mehr. Doch da entdeckt er Kräfte, die ihm zur Seite stehen: Ein Fuchs bringt ihn vorwärts auf einem verschlungenen Pfad. Ein Vogel weist ihn auf eine neue Perspektive hin. Auch kann es geschehen, dass »Sternentaler« vom Himmel fallen. In der seelischen Landschaft des Waldes haben wir die Chance, kreative Möglichkeiten zu finden. Wir können Begabungen wahrnehmen, die vorher in uns brachgelegen haben. Eine Witwe kann an die Tätigkeiten anknüpfen, die sie ausgeübt hatte, bevor sie ihren Mann kennenlernte, vielleicht Musik, Tanz, Handwerk oder Sport. In der Ehe standen andere Interessen im Zentrum. Jetzt kann sie bestimmte Fähigkeiten weiter ausbauen; auch neue Talente und weitere Schätze kann sie in sich entdecken.

Wird die »Chaos-Zeit« der Trauer in dieser Weise wahrgenommen, entsteht eine neue, heilende Sichtweise. Die seelische Landschaft des Waldes wird nicht mehr wie am Anfang als schrecklich und unheimlich empfunden. In diesem Wald liegen Kostbarkeiten, die mehr sind als äußerer Reichtum. Langsam entwickeln sich darin neue Pfade, schließlich auch gangbare Wege, die neue Horizonte erschließen.

▶▶ *Eine Witwe, die vor über einem Jahr ihren Mann verloren hatte, erzählte in der Trauergruppe einen Traum: »Ich war lange durch einen dunklen Wald gegangen, dann endlich kam ich an den Rand dieses Waldes. Ich konnte wieder in die Weite schauen. Da sah ich aus der Ferne wie durch ei-*

nen Nebel eine Gestalt mir entgegenkommen. Zu meiner Überraschung erkannte ich meinen Mann. Gleich wollte ich zu ihm laufen. Doch ich konnte ihm nicht näher kommen, er zog sich zurück. Schließlich blieb er stehen. Er erhob seine rechte Hand mit der offenen Handfläche mir entgegen. Er winkte mir zu und grenzte sich doch deutlich ab. Dann wandte er sich um und verschwand. Ich stand ganz allein auf dem weiten Feld. Mir liefen die Tränen. – Da wachte ich auf. Mir war jetzt klar bewusst: Diese Wohnung, in der ich lebe, ist jetzt meine Welt – und mein Mann ist in einer anderen Welt. Ich habe an diesem Tag noch begonnen, manche seiner Sachen wegzuräumen und einige Bilder und Möbel umzustellen. Ich allein bin dafür zuständig, wie es in meiner Wohnung aussieht.«

Das Umräumen und Aussortieren betrifft nicht nur die äußeren Gegenstände wie Kleidung, Werkzeuge oder Bücher. Es bezieht sich auch auf die inneren Einstellungen, auf Wünsche und Ziele und auf die Leitsätze, die vorher das gemeinsame Leben geprägt haben. Ich kann das alles prüfen, ob es meiner jetzigen Situation entspricht: Wovon will ich mich trennen? Was möchte ich mitnehmen in mein weiteres Leben hinein? Welche Erfahrungen sind weiterhin wertvoll und kostbar für die Gestaltung meiner eigenen Gegenwart und Zukunft? Bei solchem Aufräumen kann auch Spielraum für neue Einfälle und Pläne entstehen.

▶▶ Nach dem plötzlichen Tod meines Sohnes im Jahr 1995 schien mir (K. O.) zunächst mein ganzes Leben zu stocken. Ich fühlte mich wie in einer grauen Landschaft mit Steinen, Felsen und Abgründen. Durch eine sehr gute Trauerbegleitung, die ich zwei Jahre hindurch erhielt, kamen langsam wieder Licht und Farbe in die Landschaft meiner Seele. Ich konnte die schwere Erfahrung in mein Leben einbeziehen und gewann wieder neuen Spielraum. In dieser Situation bekam ich 1997 seitens eines Bestattungs-Instituts überraschend die Anfrage, ob ich Trauernde begleiten wolle. Ich bat um eine längere Bedenkzeit, am Ende sagte ich zu. Ich hatte ja selbst durch Begleitung zu einem heilenden Umgang mit meiner Trauer gefunden. Aus dieser Erfahrung heraus wollte ich andere *so begleiten, dass sie nach ihren Möglichkeiten ihren eigenen Weg finden. Eine Bedingung gab es dabei allerdings für mich. Die Begleitung sollte auf zwei Tage in der Woche begrenzt sein, damit das eigene Leben nicht zu sehr von der Not der Trauernden geprägt wird, sondern auch genügend Raum und Zeit für andere Erfahrungen des Lebens bleiben. Mit dieser Begrenzung konnte ich bis heute erleben, wie fruchtbar diese Arbeit ist und wie in ihr immer wieder Freude und Trauer zusammengehören.*

Viele Trauernde, die mit der Zeit ihren eigenen Weg durch ihre Trauer gefunden haben, geben zu erkennen, dass sie auf diesem Wege in vielfacher Weise bereichert worden sind. Besonders wertvoll sind für sie folgende Erfahrungen:

→ Jeden Tag bewusst mit den verschiedenen Sinnen wahrnehmen und gestalten.
→ Die eigenen Emotionen und Empfindungen in ihrer Unterschiedlichkeit deutlicher spüren und sich auch besser in die Situation anderer einfühlen.
→ Dunkle Seiten im persönlichen und im gesellschaftlichen Leben nicht abspalten, sondern der Trauer wie der Freude als Weisen von Leben Raum und Zeit geben.

Manche Trauernde sprechen sogar von einem »Trauer-Gewinn«, der sich allerdings nie »verrechnen« lässt. Der schwere Abschied vom geliebten Menschen bleibt auch nach langer Zeit eine schmerzliche Verletzung. Der Weg durch die Trauer ermöglicht es jedoch, mit diesem Verlust zu leben und neue Sichtweisen zu gewinnen. (Zu weiteren Impulsen und Übungen auf dem Weg durch die Trauer vgl. Sammer 2010, S. 126 ff. u. S. 120 ff.)

12. Trauer in der Gesellschaft

12.1. Kultur der Trauer

Trauernde leben in gesellschaftlichen Zusammenhängen, in denen es bestimmte Normen, Symbole und Rituale gibt, die in der Trauer Orientierung bieten. Gleichzeitig haben Trauernde in dem in der Hirnrinde befindlichen Zentrum für Werte diejenigen Bilder und Muster eingespeichert, die sie im Laufe ihres Lebens aufgenommen haben (vgl. S. 33 f.). Diese Muster in ihnen werden mobilisiert und erweitert, wenn sie durch bestimmte Rituale ihrer Lebenswelt angesprochen und bewegt werden. Welche Trauer-Rituale sind in der Kultur, in der wir leben, heute wirksam?

Oft wird bedauert, dass die Trauerkultur in der Gegenwart gegenüber früheren Zeiten verarmt erscheint. Früher wurde in der Regel noch der Verstorbene in seinem Haus aufgebahrt. Auch ging der »Trauerzug«, bei dem der Sarg zum Friedhof getragen wurde, mitten durch das Dorf, in dem der Verstorbene gelebt hatte; fast alle Dorfbewohner beteiligten sich. Angehörige trugen in der Regel dunkle Trauerkleidung ein ganzes Jahr hindurch, trauernde Männer waren an einer schwarzen Armbinde zu erkennen.

Demgegenüber scheint das Bestattungswesen heute meist eher durch Rationalisierung, Bürokratisierung und Professionalisierung gekennzeichnet zu sein. Bei Patienten, die im Sterben liegen, wird die Pflegezeit oft nach Zeiteinheiten berechnet. Bei der Bestattung wird häufig darauf geachtet, dass sie ohne viel Aufwand, zum günstigen Preis, möglichst schnell (»*machen Sie es kurz und schmerzlos*«) und ohne viel Aufwand in der Folgezeit (Grabpflege) durchgeführt wird. So hat die Zahl der anonymen Bestattungen in Deutschland vor allem in den Großstädten des Nordens und Ostens erheblich zugenommen. Die Ausrichtung der Bestattung wird weitgehend den

Fachleuten überlassen, die »sich darin auskennen«, nämlich Bestatter und Bestatterinnen, Pastoren und Pastorinnen, zunehmend auch Redner und Rednerinnen. In der Unsicherheit der Trauer sollen sie die Einhaltung von gesellschaftlichen Normen gewährleisten und nach Möglichkeit auch Orientierung geben. Immer häufiger kommt es jedoch vor, dass Bestattungen mit dem Kürzel »oF« gekennzeichnet werden. Das heißt: Bestattungen finden auf Wunsch der Angehörigen »ohne Feier« statt, also ohne jede Beteiligung von Verwandten und Freunden.

Zwar besteht dieser Trend zur Verarmung von Trauerkultur, doch lässt sich in der Gegenwart gleichzeitig ein genau umgekehrter Trend entdecken: Es entwickelt sich mehr und mehr eine Kultur der Trauer, die Trauernden Raum und Zeit lässt zur individuellen Gestaltung ihres Trauerprozesses. Solche Trauerkultur hat folgende Ursprünge, Motive, Praxisfelder und Ziele:

> **INFO**
> - In der Hospiz-Bewegung (Ursprung im St. Christopher`s Hospice in London, erstes Hospiz in Deutschland 1986 in Aachen) geht es um die menschenwürdige Begleitung von Sterbenden. Aufgrund der Erfahrungen entsteht bei Mitarbeiterinnen und Mitarbeitern vielfach ein neues Verständnis von Leben, in dem Bewusstheit und Einfühlung eine zentralere Bedeutung erlangen als zuvor. Im Zusammenhang mit dem Sterbebeistand kommt es häufig auch zur Begleitung der Hinterbliebenen, so z. B. in den dem Hospiz angegliederten Trauercafés und Trauergruppen. Oft findet auch eine Kooperation mit Palliativstationen in Kliniken statt. Dort werden schwerstkranke Patienten palliativ (schützend) behandelt, auch Angehörige werden dort begleitet.
> - In den Kriegskinder-Initiativen (z. B. Verein Kriegskinder, gegründet im Jahr 2000) werden traumatische Erfahrungen aus der Zeit des Zweiten Weltkrieges und der Nachkriegszeit so bearbeitet, dass über das Mitteilen Trauer ins Fließen kommt und vorher Abgespaltenes wieder in das Leben einbezogen werden kann. Durch das Verändern der Normen wird mehr Raum für die Trauer ermöglicht.
> - Menschen aus anderen Kulturen haben viele Anregungen gegeben,

dass Trauer in vielfältigen Weisen zum Ausdruck kommen kann. So hat der aus Griechenland stammende Psychologe, Opernregisseur und Trauerbegleiter Jorgos Canacakis Traditionen zur Trauerbearbeitung aus seiner Heimat (Tanz, Spiel, Darstellung von Mythen, Symbolhandlungen) in Büchern und Seminaren zugänglich und für Trauernde fruchtbar gemacht. Der Journalist Tiziano Terzani hat mit seinem Buch »Das Ende ist mein Anfang«, das er nach langen Reisen in die Kulturen des Fernen Ostens schrieb, neue Sichtweisen vom Leben, Sterben und auch vom Trauern vermittelt. Der Film, der nach seinem Tod entstand, lässt sich als Dokument eines weiterführenden Trauerprozesses verstehen. Auch die Filme »Kirschblüten – Hanami« von 2008 sowie »Nokan – Die Kunst des Ausklangs«, ebenfalls von 2008, zeigen neue Möglichkeiten, mit Trauer umzugehen. Weiterhin können in manchen Angeboten der Trauerbegleitung Musik und Rhythmus aus afrikanischen Traditionen Trauernde bewegen und beschwingen, ihren Gefühlen Ausdruck zu geben.

- Eine besondere Bedeutung für die Entwicklung einer gegenwärtigen Trauerkultur haben weibliche Traditionen, wie sie Erni Kütter in ihrem Buch »Schwester Tod« dargestellt hat (Kütter 2010). Sie vergegenwärtigt das Erbe der Sterbeammen und Seelenwächterinnen; damals wie heute eröffnen Symbole und innere Bilder einen Zugang zum Mysterium des Todes. Sie zeigt Möglichkeiten von Bestattung und Begleitung »in Frauenhänden« (selbst gebaute Sargmöbel, Seelenschiff, Grabbeigaben), auch entwirft sie ein »Tanzritual für AhnInnen«. Die Vielfalt der Trauerkultur kann durch solche Rituale erheblich erweitert werden.
- Den Trend zur Professionalisierung verstehen viele Pastorinnen und Pastoren sowie Bestatter und Bestatterinnen als eine Chance, auf die individuelle Situation der Trauernden einzugehen. Angehörige können die Gestaltungsweisen wählen, die ihrer persönlichen Trauer entsprechen; und jede Trauer ist ja anders. Je nach Möglichkeit können Trauernde dazu angeregt werden, den Trauerprozess aktiv mitzugestalten. So kann dem Gefühl entgegengewirkt werden, durch den Verlust allem hilflos ausgeliefert zu sein. Allerdings kann es geschehen, dass bei einer Bestattung die Vorstellungen der Trauernden sehr unterschiedlich sein können und es erforderlich wird, Wege zu einer gemeinsamen Basis in der Gestaltung zu suchen. Fachleute werden Trauernde so begleiten,

dass sie in ihrer seelischen Situation nicht übermäßig überfordert werden und den notwendigen Schutz erhalten, wenn Trauerrituale praktiziert werden, die von herkömmlichen Normen abweichen (vgl. S. 109 f.).
- Neue Medien bieten vielfältige Möglichkeiten, um Erfahrungen immer wieder zu erinnern und den Gefühlen Gestalt zu geben. Manche Trauernde sehen sich von Zeit zu Zeit die DVD an, auf der die Trauerfeier aufgezeichnet ist; sie vergegenwärtigen sich das Ritual des Abschieds, sie nehmen nochmals die Worte auf, die sie damals ermutigt haben. Sie hören die Musik, die der verstorbene Mensch so gerne mochte. Immer mehr Trauernde besuchen das Internet, um ihre Trauer mitzuteilen. Sie können sich in bestimmte Webseiten einloggen, um mit anderen Trauernden in ähnlichen Situationen Kontakt aufzunehmen und sich mit ihnen auszutauschen (z. B. www.verwitwet.de , www.sternenkinder. de , www.elternlos.de . Weitere Webseiten im Anhang dieses Buches). Auch gibt es die Möglichkeit, auf »Cyber-Friedhöfen« einen Platz für den verstorbenen Menschen einzurichten. Er kann mit Worten, Bildern, Erinnerungsfilmen und Musik ausgestattet werden. Es besteht ein weiter Spielraum für kreative, individuelle Gestaltung. Auch kann dieser Platz für Verwandte, Freunde, auch für Enkel und Urenkel künftiger Generationen zugänglich sein; Eintragungen in virtuelle Kondolenzbücher und »Gästebücher« sind möglich. (z. B. www.ewigesleben.de, www.internet-friedhof.de vgl. dazu Schäfer 2002, S. 139ff.). Allerdings entsteht bei manchen dieser Portale der Eindruck, als könne entgegen Tod und Vergänglichkeit die ewige Dauer vergangenen Lebens im Internet etabliert werden.
- Die virtuellen Rituale entsprechen gesellschaftlichen Normen von Mobilität, von Kommunikation und nahezu unbegrenzter Erreichbarkeit. Gleichzeitig besteht oft der Wunsch, einen festen Ort der Erinnerung zu haben, an dem der Verstorbene physisch bestattet wurde. Manche Trauernde nutzen für sich beide Möglichkeiten der Erinnerung: ortsbezogen am tatsächlichen Grab und virtuell im Internet.

In der gegenwärtigen Trauerkultur besteht die Chance, einer menschenunwürdigen Mentalität von namenloser »Entsorgung« der Toten entgegenzuwirken und für eine individuelle Gestaltung einzutreten, die der persönlichen Situation entspricht. Dabei kann ein kreativer Spielraum entstehen, der sowohl Möglichkeiten zur Stabilisierung wie auch zur notwendigen Auseinandersetzung mit Verlust und Abschied gibt (vgl. S. 75 ff.). Solch eine Trauerkultur kann dazu beitragen, dass Trauernde ihren eigenen Weg durch die Prozesse ihrer Trauer finden.

12.2. Solidarität durch Trauer

Beim Abschied aus einer Trauergruppe sagte eine Witwe, die vor zwei Jahren ihren Mann verloren hatte: »*Der Verlust war schrecklich, aber ich habe durch alles Schwere hindurch einen Schatz gefunden. Ich habe entdeckt, wie wertvoll mein Leben ist – und auch das Leben jedes anderen Menschen. Die Trauer hat mir die alte Fassade genommen: Immer nach außen stark erscheinen, immer gefasst und immer nett. Jetzt kann ich mich geben, wie ich bin, ohne Maske. Und ich kann auch die anderen sehen, wie sie sind. Ich kann da sein – für mich selbst und auch für die anderen.*« Oft sind Trauernde nach einiger Zeit in der Trauergruppe überrascht, wie gut sie sich in andere einfühlen können, die ebenfalls einen schweren Verlust erlitten haben: »*Irgendwie gehören wir zusammen, denn wir haben ja dasselbe durchgemacht.*«

Dieses Mitfühlen kann verschiedene Gestalten annehmen. Mal kann es sich auf Nachbarn und Freunde ganz in der Nähe beziehen, mal gehen die Gefühle in die Weite, über Musik, Bilder, selbst gemachte Bälle und Herzen, so z.B. in die Ferne Afrikas – und von dem fernen Kontinent wieder zurück hier nach Deutschland (vgl. S. 147). Es kennzeichnet Trauernde, dass sie auf Grund ihrer Erfahrungen sich oft in besonderer Weise in die Situation anderer hineindenken und hineinfühlen können.

In Deutschland wie auch in Frankreich und Spanien wurden nach dem Absturz des German-Wings Flugzeuges am 24.3.2015 Mitgefühl und Solidarität deutlich geäußert. In der Stadt Haltern sagte der Bundespräsident Joachim Gauck nach einer Trauerfeier: »Indem wir zueinanderstehen entsteht doch etwas unendlich Kostbares, nämlich ein Band des Mitleidens und des Mitfühlens.« Es geht darum, dieses »Kostbare« immer wieder in der Trauer zu entdecken und zur Sprache zu bringen.

Mitglieder einiger Trauergruppen in Kiel haben sich in einer Stellungnahme gemeinsam mit anderen Initiativen zu den Konflikten auf dieser Erde geäußert, die in vielen Regionen mit Waffengewalt ausgetragen werden.

▶▶»*Wir versuchen, uns in die Situation derer hineinzuversetzen, die Gewalt erleiden und die um Menschen trauern, die sie in dem Konflikt verloren haben. Aus ihrer Perspektive versuchen wir, das Geschehen wahrzunehmen … Wir halten das Leben jedes einzelnen Menschen für unendlich wertvoll. … Bei der Verletzung oder Tötung eines Menschen entsteht bei den Angehörigen und Freunden Zorn und Trauer, oft auch Traumatisierung. Wird das Leid nicht bearbeitet, wird oft neue Gewalt erzeugt, denn ohne Trauerarbeit können Opfer zu Tätern werden.*

Traumatisierungen können über Generationen hinweg weiterwirken und Gewaltbereitschaft fördern. Deswegen unterstützen wir Projekte zur Überwindung von Traumatisierungen … Wir wirken dafür, dass die Ursachen von Gewalt erkannt werden und an ihrer Beseitigung gearbeitet wird. Dazu bedarf es einer solidarischen Interessenvertretung zugunsten der Benachteiligten, mit ihnen und für sie.« (vgl. www.interrel-kiel.de)

Seit dem 2.3.2011 wurde in mehreren Trauergruppen in Kiel über die Katastrophen in Japan gesprochen. Einige Trauernde brachten ihre Gefühle, ihr Mitempfinden mit den Menschen in Japan, ihre Ratlosigkeit und Ängste, aber auch ihre Proteste zum Ausdruck. Zwar war diesen Trauernden aufgrund ihrer Lebensgeschichte bewusst, dass es eine totale Absicherung gegenüber Verlusten und Katastrophen nicht geben kann, doch im Blick auf den Atomkraftunfall forderten sie einen sorgfältigeren Umgang mit der Technik, den Menschen und der Natur. Sie hatten in ihrer Situation gelernt, einfühlsamer mit Leib und Seele umzugehen und die Signale deutlicher wahrzunehmen.

12.2. Solidarität durch Trauer

In der Gegenwart sind verschiedene Bürgerbewegungen aktiv, zu ihnen rechnet sich bewusst auch die Hospiz-Bewegung mit derzeit etwa 18 000 ehrenamtlichen Mitarbeitern. Sie will nicht nur schwerstkranken Menschen eine einfühlende Begleitung und ein menschenwürdiges Sterben ermöglichen, sie will auch auf die Begrenztheit und Kostbarkeit jedes einzelnen Lebens aufmerksam machen: Ein Leitmotiv der Hospiz-Arbeit lautet: »Wir können dem Leben nicht mehr Tage hinzufügen aber den Tagen mehr Leben.« Solche Bewusstheit des Lebens sowie die Einfühlung kann die Hospiz-Bewegung in andere Bewegungen einbringen. Das gilt zunächst für die Bewegung der Trauerbegleitung, mit der die Hospiz-Bewegung eng verbunden ist. Darüber hinaus besteht eine Verbindung zu den Initiativen, die aus dem »Konziliaren Prozess« für Frieden, für Gerechtigkeit und für Bewahrung der Schöpfung (Natur) hervorgegangen sind. Alle diese Initiativen können an Bewusstheit und Einfühlung gewinnen, wenn sie von der Hospiz- und Trauer-Bewegung lernen; umgekehrt können Hospiz-Arbeit und Trauerbegleitung auch von den anderen Initiativen lernen, sich selbst in einem weiteren Horizont gesellschaftlicher und ökologischer Zusammenhänge zu sehen: Wie kann durch Einfühlung in die anderen, durch Begegnung und Dialog der Frieden gefördert werden? Wie kann für jeden Menschen ein Recht auf menschenwürdiges Leben, Sterben und Erinnern durchgesetzt werden? Wie kann durch mehr Achtsamkeit gegenüber Leib und Seele, Pflanzen und Tieren, Erde, Wasser und Luft die Natur bewahrt werden?

Die Vernetzung und Zusammenarbeit aller dieser Bewegungen im wechselseitigen Lernen und Teilen kann eine Vision sein.

Neurobiologische Forschung hat deutlich gemacht, wie wichtig Bilder, Symbole und Visionen für die Entwicklung unseres Lebens sind (vgl. Hüther 2004). Sie können uns gerade in der Trauer neue Sichtweisen und Motivationen bieten. Sie ermöglichen eine Orientierung hin zur Gestaltung der Gegenwart und der Zukunft. Sie tragen dazu bei, dass wir alte, jetzt unfruchtbare Bahnungen und Kreisläufe unterbrechen. Zu starre Muster können sich lösen. Ein Spielraum kann entstehen, in dem plastische Neuanpassung geschieht, neue

Möglichkeiten erprobt und Ziele entwickelt werden. Wir können dann gewohnte Muster, Fassaden und Masken hinter uns lassen und durch Schmerzen und Trauer hindurch uns auf neue Ziele hin ausrichten. Die trauernden Schülerinnen in Winnenden trugen während der Trauerfeier nach dem Amoklauf im Jahr 2009 Kleidung mit der Aufschrift: »Ich habe einen Traum.« Solch ein gemeinsamer Traum von einem friedlichen und einfühlsamen Zusammenleben der Menschen kann durch Schmerzen hindurch hier und dort Wirklichkeit werden. Wir bleiben uns der Grenzen unseres Lebens bewusst; wir spüren unsere Schwächen und unsere Stärken, unsere Licht- und unsere Schattenseiten. Gerade so können wir gemeinsam durch die Trauer hindurch einen kleinen Schritt auf dem Weg zu einer solchen Vision erleben und gestalten.

12.2. Solidarität durch Trauer

Internet-Adressen und Telefonnummern für Trauernde in Deutschland (Stand 2019)

A. Bundesweite Vernetzungen und Einrichtungen

1. **Für trauernde Partnerinnen und Partner**
   - www.verwitwet.de
   Verein verwitwet.de e.V.
   und Internetgemeinschaft (Community) für alle, die in jungen Jahren ihren Lebenspartner verloren haben (Chat und Foren)
   Verzeichnis von Selbsthilfegruppen (in Regionen und an Orten)

2. **Für Eltern und trauernde Geschwister**
   - www.veid.de
   Bundesverband Verwaiste Eltern und trauernde Geschwister in Deutschland e.V.
   Tel. 0341 94 68 884
   Emailadresse für Anfragen: kontakt@veid.de
   Ansprechpartner in den einzelnen Bundesländern unter: »Ansprechpartner in Ihrer Nähe«.
   www.veid.de/hilfe-fuer-betroffene/landesverbaende-regionalstellen.html
   - www.leben-ohne-dich.de
   Website des Vereins »Leben ohne Dich« e.V.
   Davon getrennt Foren und Gedenkseiten als private Homepage

3. **Für Eltern, die ihr Kind vor, während oder wenige Zeit nach der Geburt verloren haben**
   - www.geps.de Tel. 0511 83 86 202
   Gemeinsame Elterninitiative Plötzlicher Säuglingstod (GEPS) Deutschland e.V.

→ www.land-der-sternenkinder.de
Private Webseite
als Ort des Gedenkens und Erinnerns an alle »Sternenkinder«

→ www.schmetterlingskinder.de
Private Website einer Mutter für Eltern, die ihr Kind vor,
während oder nach der Geburt verloren haben

4. Für trauernde Kinder

→ www.trauernde-kinder-kiel.de Tel. 0431 260 20 51
Trauernde Kinder Schleswig-Holstein e.V. (Kiel)

→ www.trauerland.org Tel. 0421 69 66 720
Trauerland – Zentrum für trauernde Kinder und Jugendliche e.V.
(Bremen)

→ www.trauerzeit-berlin.de Tel. 030 844 219 13
Zentrum für trauernde Kinder und Familien
Berlin Brandenburg e.V.

→ www.kinder-in-trauer.org Tel. 040 229 444 80
Hamburger Zentrum für Kinder und Jugendliche in Trauer e.V.

→ www.lacrima-muenchen.de Tel. 089 720 111 90
Lacrima – Zentrum für trauernde Kinder und Jugendliche
in München, Pfaffenhofen und Rosenheim
Organisation der Johanniter-Unfall-Hilfe

→ www.lichtblick-tak.de Tel. 0700 11 22 44 77
Verein Lichtblick-TAK e.V. für TrAuernde Kinder, Jugendliche
und deren Familien (Heilbronn)

Für trauernde Geschwister siehe auch 6 und oben unter 2

5. Für trauernde Jugendliche und junge Erwachsene

→ www.allesistanders.de Tel. 0761 88 14 988
Alles ist anders: Website mit Forum, betreutem Live-Chat
und Remember-Seite
Hospizgruppe Freiburg i. B. in Trägerschaft unter Diakonie
und Caritas

→ www.youngwings.de
Onlineberatung mit Forum, Einzelberatung und Chat
Projekt der Nicolaidis-Stiftung

→ www.doch-etwas-bleibt.de
Chatroom für trauernde Jugendliche
von betroffenen jungen Menschen selbst gestaltet
Angebot des Hospizes Bedburg-Bergheim e.V.

→ www.da-sein.de
Online-Begleitung für trauernde Jugendliche
Ambulanter Hospizdienst und Kinderhospizdienst Oldenburg i. O.

6. Für trauernde Geschwister

→ https://trauernde-geschwister.org
Online-Präventionsprogramm begleitet von der Medical School Berlin unter Leitung von Prof. B. Wagner und dem Bundesverband Verwaiste Eltern und trauernde Geschwister in Deutschland e.V.

→ www.trauernde-geschwister.de
Private Website für alle, die um verstorbene Geschwister trauern
Siehe auch unter 2

7. Bei Verlust durch Suizid

→ www.agus-selbsthilfe.de Tel. 0921 150 03 80
Homepage für Suizidtrauende bundesweit
mit Landkarte und Verzeichnis der Selbsthilfegruppen
mit Links zu den AGUS-Gruppen in der BRD Verein AGUS e.V.
(Angehörige um Suizid). Bundeszentrale in Bayreuth

8. Für Trauernde insgesamt:

→ www.ita-ev.de Tel. 040 36 111 683
Institut für Trauerarbeit (ITA) e.V., Hamburg
Gruppen und Seminare, auch Ausbildung zur Trauerbegleitung

- www.tabea-ev.de Tel. 030 495 57 47
  Verein Tabea e.V. Berlin. Trauerbegleitung und Fortbildung im Raum Berlin, bundesweite Telefonberatung für Trauernde
- www.trauerundleben.de
  Trauerbegleitung Ev. Kirchenkreis Berlin Tempelhof-Schöneberg mit Angeboten für Trauernde in ganz Berlin
- www.trauernetz.de
  Angebot der evangelischen Kirche mit Foren und Chat u.a. mit Verzeichnis kirchlicher Trauergruppen
  Anbieter: Evangelischen Kirche im Rheinland
- www.trauer.org Tel. 02603 8640
  Herberge der Trauer (Privater Anbieter)
  Trauerportal mit Foren, Chat und online-Seminaren
- www.dhpv.de Tel. 030 820 075 80
  Deutscher Hospiz und PalliativVerband
  Dachverband von über 1000 Hospizeinrichtungen, in denen zunehmend auch Trauerbegleitung angeboten wird.
- www.bestatter.de/trauerfall
  Bundesverband Deutscher Bestatter
- www.gute-trauer.de
  Von der Verbraucherinitiative aeternitas geförderte Website
- www.projekt-trauerleben.de
  Webseite mit Ergebnissen empirischer Trauerforschung der Hochschule Ravensburg-Weingarten zu Wirkungen der Trauerbegleitung

9. **Weitere Internet- Adressen und Telefonnummern:**

- www.telefonseelsorge.de (mit Chat und Webmail)
  Telefonseelsorge in kirchlicher Trägerschaft
  (Anrufe Tag und Nacht kostenfrei):
  0800 - 111 0 111 (evangelisch)
  0800 - 111 0 222 (römisch-katholisch.)
  0800 - 111 0 333 (für Kinder/Jugendliche)

A. Bundesweite Vernetzungen und Einrichtungen

→ www.mutes.de
Muslimisches SeelsorgeTelefon
Träger: Islamic Relief Deutschland Humanitäre
Hilfsorganisation e.V.
030 44 35 09 821 täglich 8 bis 24 Uhr
Email unter info@mutes.de

→ www.patiententelefon.de/trauer-und-bestattung
Patiententelefon Tel. 030 889 218 58
Aktuelle Informationen zu den Themen Sterben und Trauer
(Initiative der Theodor Springmann Stiftung Berlin)

B. Lokale und regionale Netzwerke zur Trauerbegleitung

Aachen
Diözesane Kontaktstelle für Trauerpastoral und Trauerbegleitung
im Bistum Aachen Tel. 0241 452 856
Langenberger Str. 3, 52394 Düren
Trauerbegleitung und Vermittlung im Raum Aachen
www.trauerbegleitung-im-bistum-aachen.de

Augsburg
Kontaktstelle Trauerbegleitung des Bistums Augsburg
Tel. 08213166261.
Kornhausgasse 8, 86152 Augsburg
Trauerbegleitung und Vermittlung im Raum Augsburg
https://kontaktstelle-trauerbegleitung.de/fuer-trauernde/

Berlin
TABEA e.V. Berlin
Tel. 030 49 55 747 Gierkeplatz 2-4, 10585 Berlin
Beratungsstelle, Trauerbegleitung und Vermittlung
www.tabea-ev.de

Trauerbegleitung Ev. Kirchenkreis Tempelhof-Schöneberg (Berlin)
Tel. 030 755151620 Götzstr. 24e, 12099 Berlin
Beratungsstelle, Trauerbegleitung und Vermittlung
www.trauerundleben.de

Dresden
Zentrum für Trauerbegleitung und Lebenshilfe e.V.
Tel. 0351 470 80 75 Gitterseestr. 24, 01187 Dresden
www.ztl-trauerbegleitung.de

Essen
Trauernetzwerk Essen Tel. 0201 434 2513
Zusammenschluss von Angeboten zur Trauerhilfe
www.trauernetzwerk-essen.de

Euskirchen
Netzwerk im Kreis Euskirchen für Sterbe- und Trauerbegleitung e.V.
(NEST)
Tel. 0800 9557744 Siemensstr. 18, 53902 Bad Münstereifel
www.nest-euskirchen.de

Frankfurt a.M.
Trauerzentrum Frankfurt Tel. 069 52 19 56
Alt-Ginnheim 10, 60431 Frankfurt
www.trauerzentrum-frankfurt.de

Hamburg
Trauerbegleitung und Vermittlung im Raum Hamburg
Tel. 040 36 111 683 c/o Institut für Trauerarbeit (ITA) e.V., Hamburg
www.ita-ev.de

Trauerbegleitung Hamburg Leuchtfeuer Lotsenhaus
Tel. 040 39806 740 Museumstraße 31, 22765 Hamburg
www.hamburg-leuchtfeuer.de/lotsenhaus/trauerbegleitung

Heidelberg / Rhein-Neckar-Kreis
Trauerangebote in diesem Bereich (15)
c/o Hospiz- und PalliativVerband Baden-Württemberg e.V
www.hpvbw.de/adressen/trauer/regional/hd

Karlsruhe
Arbeitskreis Trauer Karlsruhe Tel. 0721 78 20 933
c/o Info-Center am Hauptfriedhof
Haid-und-Neu-Straße 33, 76131 Karlsruhe
www.friedhof-karlsruhe.de/aktuell.html

Kiel
Kieler Arbeitskreis Trauerbegleitung Tel. 0431 2203350
c/o Hospizinitiative Kiel e.V. Waitzstr. 17, 24105 Kiel
www.trauerlandschaft-kiel.de und www.interrel-kiel.de/trauer

Krefeld
Netzwerk Trauer in Krefeld und Umgebung
c/o Haus der Familie Lutherplatz 32, 47805 Krefeld
www.netzwerk-trauer-krefeld.de

Lübeck
Trauerbegleitung und Vermittlung im Raum Lübeck
Tel. 0451 42 492 c/o Kirchengemeinde St. Lorenz
www.st-lorenz-luebeck.de (dort unter »Trauer und Trost«)

Mainz
TrauerWege e.V. Mainz
Tel. 06131 23 11 00 Goethestraße 7, 55118 Mainz
Beratung und Begleitung in Verlustsituationen, Trauergruppen
www.trauerwege-mainz.de

Meschede
Trauerbegleitung und Vermittlung, Raum Meschede Tel. 0291 82 85 8
c/o Trauerwelten e.V. Verein zur Begleitung trauernder Menschen
www.trauerwelten.de

München
Münchner Institut für Trauerpädagogik (MIT):
Tel. 089 74548120 Grabmannstraße 19, 81476 München
Angebote für Trauernde und für Weiterbildung in Trauerbegleitung
www.mit-institut.de/trauer-lebensbegleitung.php

Münster
Trauernetzwerk Münster e.V.
Tel. 0251 519874 Sonnenstr. 80, 48143 Münster
Hospizbewegung Münster e.V.

Nordhausen
Trauerbegleitung und Vermittlung im Raum Nordhausen
c/o Trauerwelten e.V. Verein zur Begleitung trauernder Menschen
Tel. 03631 97 38 10
www.trauerwelten.de

Nürnberg
Trauerbegleitung und Vermittlung im Raum Nürnberg
Tel. 0911 23 46 181
c/o Offene Kirche St. Klara Königstr. 64, 90402 Nürnberg
www.st-klara-nuernberg.de (dort unter »Trauer«)

Paderborn
Trauerarbeit Paderborn e.V.
www.trauerarbeit-paderborn.de

Rostock
TrauerNetz Rostock und Umland e.V.
Tel. 0381 44 44 19 98
www.trauernetz-rostock.de

Stuttgart
Trauerbegleitung Hospiz Stuttgart
Tel. 0711 2374152
Stafflenbergstr. 22, 70184 Stuttgart
www.hospiz-stuttgart.de/trauer.html

Weiterhin: Trauerangebote im Land- bzw. Stadtkreis Stuttgart (10) c/o Hospiz- und PalliativVerband Baden-Württemberg e.V.
hpvbw.de/adressen/trauer/regional/s

Landesweite Netzwerke:

Thüringen
Trauernetzwerk Thüringen (z. Z: 62 Angebote an 33 Orten)
c/o Thüringer Hospiz- und Palliativverband
Tel. 0361 789 27 612 Augustiner Str. 10, 99084 Erfurt
www.hospiz-thueringen.de/trauernetzwerk-netzwerkpartner.html
www.hospiz-thueringen.de/netzwerkbroschuere.html

Südhessen
Netzwerk Trauer Südhessen
Trauerinfo Telefon Südhessen: 06151 296 415
c/o Kirche & Co. Rheinstr. 31, 64283 Darmstadt
www.netzwerk-trauer.de

Baden-Württemberg

Trauerangebote nach Land- bzw. Stadtkreisen alphabetisch geordnet
c/o Hospiz- und PalliativVerband Baden-Württemberg e.V.
Tel. 07142 77 61 56
Angebote nach den Autokennzeichen der Land/Stadtkreise geordnet
http://hpvbw.de/trauer

Informationen über Trauerbegleitung und Trauergruppen sind oft erhältlich bei Hospiz-Initiativen, Kirchengemeinden und Bestattungsinstituten.

Die in diesem Verzeichnis angegebenen Internetadressen und Telefonnummern wurden im März 2019 auf die Erreichbarkeit hin überprüft.
Der Stand aller dieser Angaben ist der 16.03.2019.

Der Hinweis auf die Webadressen und Telefonnummern bedeutet nicht unbedingt, dass die Autoren mit den Zielen und Methoden der jeweiligen Anbieter übereinstimmen.

Literatur

Bauer, J. (2014): Das Gedächtnis des Körpers. Wie Beziehungen und Lebensstile unsere Gene steuern. 4. Aufl., München: Piper

Bauer, J. (2005): Warum ich fühle, was du fühlst. Intuitive Kommunikation und das Geheimnis der Spiegelneuronen. 19. Aufl., Hamburg: Hoffmann und Campe Verlag

Blach, T. (1996): Nach Mekka gewandt. Zum Umgang türkischer Muslime mit ihren Verstorbenen in der Türkei und in Deutschland. Kassel: Arbeitsgemeinschaft Friedhof und Denkmal

Bobert, S. (2010): Jesus Gebet und neue Mystik. Grundlagen einer christlichen Mystagogik. Kiel: Buchwerft

Bode, S. (2008): Die vergessene Generation. Die Kriegskinder brechen ihr Schweigen. 10. Aufl., München: Piper Verlag

Bonanno, G. A. (2012): Die andere Seite der Trauer. Verlustschmerz und Trauma aus eigener Kraft überwinden. Bielefeld: Aisthesis Verlag

Canacakis, J. (2012): Ich sehe deine Tränen. Lebendigkeit der Trauer. Die Grundlagen des Lebens- und Trauerumwandlungsmodells (LTUM). Neuausgabe, Freiburg i. B.: Kreuz Verlag in der Verlag Herder GmbH

Das Tibetische Totenbuch. Neu übersetzt und kommentiert von Thurmann, R. (2002): Frankfurt a. M.: Fischer Taschenbuch Verlag

Deutscher Hospiz- und Palliativ Verband (Hrsg.), (2017): Trauer und Trauerbegleitung. Eine Handreichung des DHPV, Berlin

Die Bibel nach der Übersetzung Martin Luthers (rev. Fassung 1984). Stuttgart: Deutsche Bibelgesellschaft

Dietl, L., Wagner, B., Fydrich, T. (2018): User acceptability of the diagnosis of prolonged grief disorder: How do professionals think about inclusion in ICD-11? in: Journal of Affective Disorders 229 (2018), S. 306-313.

Faulstich, J. (2006): Das heilende Bewusstsein. Wunder und Hoffnung an den Grenzen der Medizin. München: Knaur Verlag

Fischer, G., Riedesser, P. (2003): Lehrbuch der Psychotraumatologie. 3. aktualisierte u. erweiterte Aufl., München u. Basel: Ernst Reinhardt Verlag

Flatten, G. (2011): Posttraumatische Belastungsstörungen. In: Schiepek, G. (Hrsg.), Neurobiologie der Psychotherapie. 2. vollständig neu bearbeitete u. erweiterte Aufl., Stuttgart: Schattauer, S. 450–471

Franz, M. (2009): Tabuthema Trauerarbeit. Kinder begleiten bei Abschied, Verlust und Tod. 4. Aufl., München: Don Bosco Medien

Freud, S. (1914): Erinnern, Wiederholen und Durcharbeiten. Erstveröffentlichung in: Internationale Zeitschrift für Ärztliche Psychoanalyse, Bd. 2 (6), S. 485–491

Fuchs, Th. (2012).: Das Gehirn – ein Beziehungsorgan. Eine phänomenologisch-ökologische Konzeption. 4. aktualisierte u. erweiterte Aufl., Stuttgart: W. Kohlhammer

Gast, U., Markert, E. C., Onnasch, K., Schollas, Th. (2009): Trauma und Trauer. Impulse aus christlicher Spiritualität und Neurobiologie. Stuttgart: Klett-Cotta

Grawe, K. (2004): Neuropsychotherapie. Göttingen: Hogrefe

Hüther, G. (2004): Die Macht der inneren Bilder. Wie Visionen das Gehirn, den Menschen und die Welt verändern. Göttingen: Vandenhoeck & Ruprecht

Hüther, G. (2006): Wie Embodiment neurobiologisch erklärt werden kann. In: M. Storch et al., Embodiment. Die Wechselwirkung von Körper und Psyche verstehen und nutzen. Bern: Verlag Hans Huber, S. 73–97

Hüther, G. (2007): Biologie der Angst. Wie aus Stress Gefühle werden. 8. Aufl., Göttingen: Vandenhoeck & Ruprecht

Kachler, R.: (2010) Hypnosystemische Trauerbegleitung. Ein Leitfaden für die Praxis. Heidelberg: Carl Auer

Kast, V. (2015): Trauern. Phasen und Chancen des psychischen Prozesses. 2. Aufl., (36. Gesamtaufl.) Stuttgart: Kreuz

Kersting, A., Reutemann, M., Ohrmann, P., Schütt, K., Wesselmann, U., Rothermundt, M., Suslow, T., Arolt, V. (2001): Traumatische Trauer – ein eigenständiges Krankheitsbild? Psychotherapeut 46, S. 301–308

Kersting, A., Fisch, S., Suslow, T., Ohrmann, P., Arolt, V (2003): Messinstrumente zur Erfassung von Trauer – Ein kritischer Überblick. Psychother Psych Med 53, S. 475–484

Keysers, C. (2013): Unser empathisches Gehirn. Warum wir verstehen, was andere fühlen. München: C. Bertelsmann Verlag
Kirscht, R. (2014): Der Emmaus-Weg. Trauma-Heilung in der Emmauserzählung (Lukas 24,13–35) und das Modell einer Spirituellen Traumafolgen-Therapie. Eine transdisziplinäre Untersuchung. Nordstrand: Uthlande-Verlag
Kutter, E. (2010): Schwester Tod. Weibliche Trauerkultur. Abschiedsrituale, Gedenkbräuche, Erinnerungsfeste. München: Kösel-Verlag
Lammer, K. (2004): Den Tod begreifen. Neue Wege in der Trauerbegleitung. 3. Aufl., Neukirchen-Vluyn: Neukirchener
Leube, D., Kircher, T.: Die Fragmente des Ich-Bewusstseins. In: Schiepek, G. (Hrsg.), Neurobiologie der Psychotherapie. 2. vollständig neu bearbeitete u. erweiterte Aufl., Stuttgart: Schattauer, S. 273–279
Mankell, H. (2006): Ich sterbe, aber die Erinnerung lebt. München: Deutscher Taschenbuch Verlag
Mucksch, N. (2015): Trauernde hören, wertschätzen, verstehen. Die personenzrierte Haltung in der Begleitung. Göttingen: Vandenhoeck & Ruprecht
Mucksch, N. (2017): Frieden schließen. Die Bedeutung der Versöhnung in der Trauerbegleitung. Göttingen: Vandenhoeck & Ruprecht
Niemz, M. H.: (2012): Bin ich, wenn ich nicht mehr bin? Ein Physiker entschlüsselt die Ewigkeit. 3. Aufl., Freiburg i. B.: Kreuz Verlag in der Verlag Herder GmbH
Onnasch, K. (2018): Neue Aspekte der Trauerforschung in ihrer Bedeutung für die Trauerbegleitung. In: Wege zum Menschen, 70. Jg., Heft 4, S. 285-298
Ostaseski, F. (2005): Eine Reise durch die Trauer. In: Buddhismus aktuell, 4, 2005, S. 20–23
Paul, C. (2017): Ich lebe mit meiner Trauer. Güterloh: Gütersloher Verlagshaus
Projekt TrauErleben der Hochschule Ravensburg-Weingarten zu Wirkungen von Trauerbegleitung im Rahmen der emotionalen und sozialen Bewältigung von tiefgehenden und komplizierten Trauerprozessen (2013):

www.projekt-trauerleben.de/Wirkungen_der_Trauerbegleitung.pdf
Raichle, M. E. (2010): Im Kopf herrscht niemals Ruhe. In: Spektrum der Wissenschaft, Juli 2010, S. 60–66
Rechenberg-Winter, P., Fischinger, E. (2008): Kursbuch systemische Trauerbegleitung. Göttingen: Vandenhoeck & Ruprecht
Reddemann, L., Dehner-Rau, C. (2008): Trauma. Folgen erkennen, überwinden und an ihnen wachsen. Ein Übungsbuch für Körper und Seele. 3. vollständig überarbeitete Aufl., Stuttgart: TRIAS Verlag
Rizzolatti, G., Sinigaglia, C. (2008): Empathie und Spiegelneurone. Die biologische Basis des Mitgefühls. Frankfurt a. M.: Suhrkamp
Rosner, R., Pfoh, G., Rojas, R., Brandstätter, M., Rossi, R., Lumbeck, G., Kotoučová, M., Hagl, M., Geissner, E. (2014): Anhaltende Trauerstörung. Manuale für die Einzel- und Gruppentherapie. Göttingen: Hogrefe
Roth, G., Strüber, N. (2015): Wie das Gehirn die Seele macht. 4. Aufl., Stuttgart: Klett-Cotta
Roth, G. (2003): Fühlen, Denken, Handeln. Wie das Gehirn unser Verhalten steuert. Neue, vollständig neubearbeitete Ausgabe, Frankfurt a. M.: Suhrkamp
Roth, G. (2005): »Hat die Seele in der Hirnforschung noch einen Platz?« In: Peschl, F. (Hrsg.): Die Rolle der Seele in der Kognitions- und Neurowissenschaft. Auf der Suche nach dem Substrat der Seele. Würzburg: Königshausen & Neumann
Rüegg, J. C. (2007): Gehirn, Psyche und Körper. Neurobiologie von Psychosomatik und Psychotherapie. 4. aktualisierte u. erweiterte Aufl., Stuttgart u. New York: Schattauer
Sammer, U. (2010): Verlust, Trauer und neue Freude. Wie Abschiednehmen gelingt. Stuttgart: Klett-Cotta
Schäfer, J. (2002): Tod und Trauerrituale in der modernen Gesellschaft. Perspektiven einer alternativen Trauerkultur. Stuttgart: ibidem-Verlag
Scheurle, H. J. (2013): Das Gehirn ist nicht einsam. Resonanzen zwischen Gehirn, Leib und Umwelt. Stuttgart: W. Kohlhammer
Schnabel, U. (2008): Die Vermessung des Glaubens. Forscher er-

gründen, wie der Glaube an Gott entsteht und warum er Berge versetzt. München: Karl Blessing Verlag

Schnelzer, Th. (2008): Trauerpsychologie. Lehrbuch. Düsseldorf: Fachverlag des Deutschen Bestattungsgewerbes

Schubert, C. (Hrsg.), (2015): Psychoneuroimmunologie und Psychotherapie. 2. Aufl., Stuttgart: Schattauer

Schwikart, G. (2007): Tod und Trauer in den Weltreligionen. Mainz: Matthias-Grünewald

Singer, W., Ricard, M. (2008): Hirnforschung und Meditation. Ein Dialog. Frankfurt a. M: Suhrkamp

Spiegel, Y. (1989): Der Prozess des Trauerns: Analyse und Beratung. 7. Aufl., München: Kaiser.

Spitzer, M. (2009): Lernen. Gehirnforschung und die Schule des Lebens, Heidelberg: Spektrum Akademischer Verlag

Streek-Fischer, A. (2007): Probleme in der Diagnostik und Behandlung traumatisierter Kinder und Jugendlicher. In: Lamprecht, F., Wohin entwickelt sich die Traumatherapie? Bewährte Ansätze und neue Perspektiven. Stuttgart: Klett-Cotta

Stroebe, M., Schut, H. (1999): The dual process model of coping with bereavement: rationale and description, Death Stud, 23 (3) S. 197–224

Tantchik, W. et al. (2018): Die mentale Welt der Anderen. Theory of Mind (Mentalisierung) und ihre neuronalen Grundlagen. In: Nervenheilkur.de, 2018, H. 7–8, S. 500–506

Terzani, T. (2010): Das Ende ist mein Anfang. München: Goldmann

Teuchert-Noodt, G., Schlotmann, A. (2012): Lust an der Überforderung und dann Burnout. Wie das Gehirn entscheidet, ob Überforderung Lust oder Unlust erzeugt. Hirschberg an der Bergstraße: Supperverlag

van der Kolk, B. (2007): Untersuchungen zur PTBS. In: Lamprecht, F. (Hrsg.), Wohin entwickelt sich die Traumatherapie? Bewährte Ansätze und neue Perspektiven. Stuttgart: Klett-Cotta, S. 212–236

van Lommel, P. (2014) : Endloses Bewusstsein. Neue medizinische Fakten zur Nahtoderfahrung. 6. Aufl., Düsseldorf: Patmos Verlag

Wagner, B. (2013): Komplizierte Trauer. Grundlagen, Diagnostik und

Therapie. Berlin u. Heidelberg: Springer-Verlag
Wolf, D. (2010): Einen geliebten Menschen verlieren. Vom schmerzlichen Umgang mit der Trauer. 17. Aufl., Mannheim: PAL Verlagsgesellschaft
Worden, J. W. (2011): Beratung und Therapie in Trauerfällen. Ein Handbuch. 4. überarbeitete Aufl., Bern: Verlag Hans Huber
Znoj, H. (2012) : Trauer und Trauerbewältigung. Psychologische Konzepte im Wandel (Lindauer Beiträge zur Psychotherapie und Psychosomatik). Stuttgart: Verlag W. Kohlhammer

Weitere Literaturhinweise in:
Gast, U., Markert, E. C., Onnasch, K., Schollas, Th. (2009): Trauma und Trauer. Impulse aus christlicher Spiritualität und Neurobiologie. Stuttgart: Klett-Cotta

Immer informiert sein!

Melden Sie sich zu unserem Newsletter an und verpassen Sie keine Neuerscheinung.

Außerdem erhalten Sie von uns frühzeitig Informationen über Kongresse und andere aktuelle Ereignisse sowie ausgewählte Empfehlungen.

Hier geht es zum Newsletter:

www.klett-cotta.de/newsletter

Folgen Sie uns auf Social Media:

 psychologiebuch   SchattauerVerlag

 klettcotta_fachbuch   schattauer_verlag

Hier geht es zu unserem Shop:
www.klett-cotta.de/fachbuch

www.klett-cotta.de/fachbuch

Klaus Onnasch
Trauer und Freude
Das eigene Leben nach schwerem Verlust gestalten
180 Seiten, kartoniert
ISBN 978-3-608-98345-6

Wie Trauernde ihre Emotionen besser verstehen können und was in schweren Stunden hilft

Wie wirkt sich die Trauer aus und wie kann Freude wieder möglich werden? Die Grundlagen dieses Buches liegen in den langjährigen Erfahrungen des Autors in der Trauerbegleitung, aber auch dem Wissen über Trauerrituale in anderen Kulturen und Religionen sowie den aktuellen biologischen Erkenntnissen zum Prozess der Trauer. Gerade die Forschungsergebnisse zum Stressgeschehen können Hinweise geben, wie sich leibseelische Prozesse in uns vollziehen und wie wir sie gestalten können. Das Buch unterstützt Menschen, die einen Verlust erlitten haben, sich selbst besser zu verstehen und einen eigenen Weg zu finden, in dem die Freude nach und nach wieder Platz findet.

www.klett-cotta.de/fachbuch

Rüdiger Standhardt
Die Kunst, den Tod ins Leben einzuladen
Denkanstöße für einen achtsamen Umgang mit Sterben, Tod und Abschied
288 Seiten, gebunden
ISBN 978-3-608-98707-2

24 Impulse zu einem offenen Umgang mit dem Sterben

Mit diesem außergewöhnlichen Buch finden Sie heraus, was im Leben wirklich zählt und wie es möglich ist, sich auf das Wesentliche auszurichten. Obwohl es nur zwei Gewissheiten im Leben gibt – wir werden alle sterben und wir wissen nicht wann – vermeiden viele Menschen zeitlebens das immer noch tabuisierte Thema Sterben und Tod und empfinden eine Scheu, sich mit der eigenen Endlichkeit zu beschäftigen.

In diesem Buch erhalten Sie viele erfrischende Denkanstöße zu den Themen Leben, Sterben, Tod und Trauer, inspirierende Fragen, die Sie zur Selbstreflexion ermutigen sowie spannende Impulse von Sabine Mehne, Sabine M. Kistner und Stephanie Gotthardt. Sie sind eingeladen, den Forschergeist zu entwickeln, um das Leben in seiner ganzen Fülle zu erfahren.

www.klett-cotta.de/fachbuch

Luise Reddemann
Schlussstücke
Gedanken über Vergänglichkeit und Tod
201 Seiten, kartoniert
ISBN 978-3-608-96242-0

**Wie geht Abschiednehmen?
Wie können wir uns mit der Tatsache unserer Vergänglichkeit anfreunden?**

»Schwere« Themen wie Vergänglichkeit und Tod erscheinen in diesem ganz persönlich gehaltenen Essay mitunter leicht. Überlegungen der erfahrenen und renommierten Psychotherapeutin Luise Reddemann, Texte aus Philosophie und Literatur, Gedanken von Sterbenden und musikalische Reflexionen regen zum Weiterdenken und Nachhören an.